Anne Jamelot-Bonnaillie

Histoire zéro tic

Couverture réalisée d'après une idée de Nathalie Soltysiak

© 2019 Anne Jamelot-Bonnaillie
Éditeur : Books on Demand GmbH
12/14 rond-point des Champs-Élysées
75008 Paris, France
Impression : Books on Demand GmbH
Norderstedt, Allemagne
ISBN : 9782322189472
Dépôt légal : décembre 2019

-1-
Chaudes retrouvailles

Roselyne et Claudia, deux amies intimes d'une quarantaine d'années se retrouvent au café après les vacances de Noël. Elles ont l'habitude de tout se raconter, sans tabou ni jugement. Elles aiment les discussions profondes et coquines et ne savent pas encore que celles-ci vont les embarquer, ainsi que d'autres personnes, dans une histoire peu banale qui va profondément les remuer, tant sur le plan sexuel que sur le plan humain.

— Bonjour ma belle ! claironne Claudia, ça me fait plaisir de te revoir. Dis-donc, tu es resplendissante ! La montagne t'a fait du bien on dirait !
— Merci princesse, en effet, ces vacances furent on ne peut plus requinquantes, confirme Roselyne avec un brin de mystère dans le regard, ce qui n'échappe pas à son amie. Mais pas que...
— Ah oui... raconte !
— En fait, j'ai rencontré quelqu'un...
— Je m'en doutais !
— Comme tu es perspicace!
— Où ça, comment ?

Claudia est très impatiente de connaître l'histoire de son amie et montre une gourmandise de tout savoir. Roselyne s'en amuse et en profite pour faire durer le plaisir.

— Attends, on va peut-être commander avant pour être tranquille. Qu'est-ce que tu prends ?

— Un grand chocolat chaud.

— Bonne idée, pour moi aussi s'il vous plaît.

— Je vous apporte ça tout de suite, répond la serveuse qui passait juste à ce moment-là.

— Bon, aloooors ? s'impatiente Claudia.

— Alors je l'ai rencontré deux jours après Noël, chez des amis que je n'avais pas vus depuis plusieurs années. C'était une bonne surprise d'être invitée chez eux, et un enchantement de faire connaissance de leur cousin. Au début, je ne l'ai pas trouvé spécialement beau, mais il avait quelque chose, un charme qui ne m'a pas laissée indifférente. Il s'est montré tout de suite agréable avec moi.

— Il y avait d'autres personnes ?

— Oui, en fait nous étions une dizaine et je ne connaissais que mes amis. C'était assez inconfortable au début, mais il y avait une bonne ambiance. Tout le monde se connaissait. J'étais un peu la petite nouvelle. Du coup, les invités étaient très accueillants avec moi. Et particulièrement lui.

— Tu lui avais tapé dans l'œil.

— Sans doute. Nous avons tout de suite plaisanté et un climat de complicité s'est installé entre nous. Nous avions le même sens de l'humour. On ne s'est pas quittés de la soirée. Et je n'ai aucun souvenir de ce qui s'y est passé, car je flottais sur un nuage. Ensuite, pendant toute la semaine, nous avons beaucoup échangé par SMS et en sommes venus à des conversations de plus en plus chaudes. Nous avions hâte de nous revoir et étions dans une grande impatience de nous embrasser, de nous enlacer et de faire l'amour. Depuis ma séparation avec mon conjoint il y a trois ans, je n'avais encore jamais ressenti un tel désir, une telle fougue. Mon corps était en feu dès que je pensais à lui et mon bas ventre me brûlait. C'était devenu intenable !

— Waouh, je brûle aussi d'impatience de savoir la suite ! s'exclame Claudia, les yeux avides.

Roselyne marque une pause en soufflant sur son chocolat brûlant que la serveuse vient d'apporter. Elle ferme les yeux, reprend son souffle, regarde son amie avec un petit sourire mystérieux.

— Et donc, hasarde Claudia, vous vous êtes revus ?

— Oui, il y a deux jours. Il était parti en déplacement entre les fêtes et il a passé le nouvel an avec d'autres amis en Italie.

— Il voyage beaucoup?

— Oui pour son métier. Il est formateur en aromathérapie et il écrit aussi des livres sur le sujet qui ont beaucoup de succès. Du coup, il fait des conférences, des formations, et il est amené à sillonner la France, l'Europe et même le Canada et les États-Unis.

— Mais dis-donc, c'est une pointure ton bonhomme !

— Oui, il est brillantissime.

— Il a quel âge ?
— Quarante-neuf ans.
— OK, bon... la suite !
— Nous nous sommes revus chez lui il y a deux jours.
— Il est célibataire ?
— Oui, enfin, c'est ce qu'il m'a laissé entendre.
— Tu n'en es pas sûre ?
— On n'en a pas trop parlé à vrai dire...
— Quoi ! Tu ne sais pas s'il est célibataire ?
— SI, il l'est !
— Bon... la suite !
— Je veux bien, mais arrête de m'interrompre !
— Pardon, je t'écoute Roselyne.

Les deux amies se sourient. Et sans détour, Roselyne entame le récit de sa folle nuit d'amour.

— Je ne savais pas trop comment m'habiller pour le retrouver. Il ne faisait pas très chaud et j'avais mis des dessous un peu sexy, un chemisier, une jolie jupe, des bas et des bottes, me disant que, au vu de ce que l'on s'était écrit, ça devrait correspondre et j'espérais qu'il aimerait prendre son temps pour me déshabiller. Tu sais, ça fait partie du jeu érotique...

— Oui, tout à fait.

— Et une parka bien chaude par-dessus ! J'étais toute tremblante, les jambes en coton, me demandant si je ne faisais pas une bêtise. Devant sa porte, j'étais comme anesthésiée. Lorsqu'il m'a ouvert je me suis sentie bête. Il était magnifique, avec un pantalon en coton souple et une chemise en soie, tous deux noirs, et cela allait bien avec sa peau hâlée et ses beaux cheveux blonds-châtains.

— Tu m'avais dit qu'il n'était pas spécialement beau !

— Si, en fait, il est beau, mais il n'est pas non plus à tomber en pâmoison ! Il a surtout un charme irrésistible, particulièrement quand il te regarde. Et c'est encore plus fort quand il ouvre la bouche tellement sa voix est sensuelle. Douce et sensuelle. Il se dégage de lui un magnétisme inouï. Il a beaucoup de charisme en fait.

— Oui oui oui, je vois… je connais.

— Tu le connais ?

— Non, pas lui. Mais je connais ce genre de personne au charisme singulier. Il est grand ?

— Un tout petit peu plus que moi. Je dirais un mètre soixante-quinze. Et si tu veux tout savoir, il est plutôt bien foutu, bien qu'il ait un début d'embonpoint à surveiller. Donc je poursuis. J'étais assez pétrifiée pour tout te dire. Intimidée. Et je me sentais gourde à côté. Il m'a fait signe d'avancer vers lui et il m'a prise dans ses bras. Et le moment que j'attendais tant arriva. Nous embrasser. Poser mes lèvres sur les siennes, et laisser nos langues se chercher timidement, puis langoureusement et les laisser danser ensemble, se taquiner, jouer au tango dans un préambule de ce que pourra être la suite avec nos corps.

Elle marque un temps d'arrêt, sirote son chocolat chaud à petites gorgées et en lapant le rebord de la tasse. Claudia est aux aguets, comme pétrifiée, la bouche entrouverte, les yeux fixés sur son amie, attendant la suite du récit, comme si elle y était elle-même.

— Eh bien tu sais ce qu'il a fait ? continue Roselyne en se rapprochant au-dessus de la petite table sur un ton de confidence. Il m'a roulé une pelle, avec une langue bien dure ! Et vas-y que je te la tourne dans un sens, et plusieurs fois pour bien marquer et hop, dans l'autre sens histoire de varier un peu ! Et moi qui essayais de ralentir la manœuvre, d'y mettre mon grain de sensualité en y apportant un peu de douceur et d'attention. Mais non, il avait pris les commandes et n'en avait rien à fiche de ce que je faisais. Lui, il me roulait des pelles à la pelle et semblait s'en délecter. Il me pressait contre lui et manifestement, déversait ici toute sa fougue ! De mon côté, ma libido est tombée d'un coup. C'est très important pour moi la façon d'embrasser, ça en dit long sur la sensibilité de la personne. Et c'est aussi ce qui fait monter le désir. Ou non.

— Oui et je comprends que ton désir soit retombé aussi sec.

— Attends, ce n'est pas tout. Pendant qu'il tournicotait avec son appendice buccal, il a glissé une main sous la ceinture élastique de ma jupe, puis l'autre et a continué direct dans ma culotte et s'est mis à me caresser les fesses. Je sentais un désir très fort chez lui. Ça, c'était plutôt agréable, très agréable même et j'aurais aimé qu'il continue à me caresser longtemps ainsi, avec ses deux mains chaudes. En fait, très vite il a introduit un doigt dans mon vagin, comme ça, sans prévenir, alors qu'il venait à peine de commencer à m'amadouer. Ça a été très rapide et j'ai écarquillé les yeux de surprise, tout en étant accrochée à sa langue qu'il n'arrêtait pas de me fourguer profondément dans la bouche. Là, je me suis dit qu'il y allait un peu fort et surtout très vite ! Et je me sentais un peu bête du coup, j'étais censée faire quoi ? Gesticuler sur son doigt, gémir ? Eh bien non, je n'ai rien fait, je n'ai pas bougé, vu que je ne sentais rien de spécial à part cette intromission.

— Oui, suffoque Claudia, éberluée, ce n'est pas très sensible le vagin, on ne sent pas grand-chose au début !

— Ben en tout cas, pas de cette manière ! Bref, au bout d'un moment il a retiré son doigt et m'a enlevé mes vêtements. Un peu rapidement à mon goût, je n'ai même pas compris comment il a fait pour que je me retrouve nue aussi vite ! Je crois que j'étais encore un peu anesthésiée. Du coup j'ai aussi voulu le déshabiller, mais je m'y prenais comme une gourde et je me suis coincée un doigt dans une de ses manches et je n'arrivais plus à l'enlever alors il a soupiré et a enlevé son haut tout seul. Son soupir m'a vexée. J'ai pensé qu'il devait penser que j'étais vraiment nouille. Bref, il s'est déshabillé tout seul. J'étais déçue parce que j'aime bien faire l'amour toute habillée, et que l'autre soit aussi encore vêtu, et que l'on enlève nos vêtements au fur et à mesure des besoins, mais le plus tardivement possible. Je trouve ça plus sensuel, plus excitant. Sans compter qu'on peut jouer avec les étoffes, faire des caresses en découvrant petit à petit la peau, les parties intimes de l'autre et se dévoiler lentement. Jouer avec le sens du toucher, avoir une approche lente et exploratrice, se régalant du corps de l'autre et de l'exposition progressive du nôtre. Et respirer l'autre, le humer. Tout un art en fait. Mais là, ça n'a pas été le cas du tout ! Je me suis retrouvée assise sur son canapé, en face de son sexe. Il avait débandé. Je dis débandé car je pouvais quand même voir qu'il avait pris une certaine forme et qu'il était maintenant sur la phase retour. Sur le coup, je fus surprise par la configuration de son sexe, mais j'ai surtout eu le sentiment de ne plus être désirée et j'étais complètement désappointée. Je me demandais ce que je faisais là et si je ne devais pas repartir tranquillement en lui suggérant que ce n'était peut-être pas le bon moment, mais tu me connais, je ne baisse jamais les bras ! Alors j'ai entrepris de ranimer la flamme de mon beau soupirant, lequel n'était pas très fier non plus. J'ai été très directe, puisque apparemment il était adepte du « quick sex ».

— Tu lui as fait couic couic ?

— Haha ha ! Non, je dis « quick » pour « rapide » !

— Ah oui!

— Je me suis occupée de son engin avec mes doigts, mes lèvres, ma langue, ma bouche toute entière, ma bouche et mes doigts, ma langue et mes mains. Doucement d'abord, puis plus rapidement, alternant la douceur et la fermeté, mais cela n'a rien changé à la forme du bâtonnet. Ou si, il était encore plus mou et plus petit. Mes caresses l'ont encore plus rabougri ! La honte pour moi... Alors il m'a allongée sur le dos et il a pris les commandes en me léchant les parties intimes. J'étais contente ! Mais tu sais quoi ?

Roselyne marque une pause chocolat tiède. Claudia ne perd pas une miette du récit de son amie. Mais elles s'amusent toutes deux de ce petit intermède reprenant chacune son breuvage, en s'échangeant un regard malicieux.

— Toi, tu vas encore m'en raconter une belle !

— Oui, reprend Roselyne en reposant très tranquillement sa tasse, faisant toujours durer le plaisir. Attends, je vais aux toilettes...

— Oh nooooonnn ! proteste Claudia.

— Non, je déconne. Eh bien il a fourré sa langue dans mon vagin et il m'a roulé une pelle ! Bien profond.

— Non !

— Si !

— C'est une manie chez lui !

— Oui, apparemment, personne ne lui a expliqué que la zone vaginale n'est pas très sensible, et que les zones à stimuler, à léchouiller, sont le clitoris et la vulve entre autres, mais que la langue directe dans le vagin, c'est sympa, ce n'est pas désagréable, mais c'est de l'énergie dépensée pour rien ! Le vagin, c'est pour après, quand c'est bien chaud...

— Et donc tu le lui as dit ? demande Claudia en riant.

— Ben non. Je l'ai laissé faire. J'étais assez mal à l'aise car en fait, on ne s'était pas dit un mot depuis le début, alors je me voyais mal lui dire tout d'un coup que ce n'était pas ainsi qu'il fallait faire. D'autant plus qu'il semblait très sûr de sa technique.

— Dommage...

— Oui, j'ai été très lâche. Et même pire que ça parce que ça m'agaçait tellement que j'ai fini par simuler un orgasme pour qu'il arrête.

— Oh là là, la cata... et ça a fonctionné ?

— Oui, à mon grand soulagement. Et ensuite, on s'est tourné autour pendant une heure, une heure pendant laquelle j'essayais de le faire bander, en vain, et une heure pendant laquelle il revenait invariablement à me pénétrer le vagin avec sa langue. A part ça, aucune tendresse de sa part, aucune caresse, aucun mot. Il ne me regardait même pas, histoire d'échanger nos regards et d'érotiser les caresses. Moi, je le regardais et je lui souriais. J'avais espéré qu'il me fasse quand même un massage aux huiles essentielles, tu vois, en tant qu'aromathérapeute, il est censé s'y connaître, eh bien non, rien. Je n'ai pas osé le lui demander non plus parce que j'étais tellement éberluée par la tournure des choses que je n'avais plus aucune initiative. L'humour était quand même là, il valait mieux vu les circonstances, mais un humour silencieux. De mon côté j'essayais de lui montrer de l'affection, de prendre soin de son corps et de sa zone sexuelle, mais rien ne fonctionnait. Je pense que je m'y prenais très mal en fait, j'étais impatiente et je voulais qu'il réagisse au quart de tour. Avec mon ex, dès que je jouais un peu avec son pénis, il bandait, alors je ne comprenais pas pourquoi il lui fallait tant de temps à celui-là ! Je ne maintenais pas suffisamment longtemps mes mouvements, si tu vois ce que je veux dire.

— Tu veux dire que tu ne le masturbais pas suffisamment longtemps ?

— Haha ha ! Oui, c'est ça, tu as tout compris. Mais ça n'aurait peut-être rien changé. Je ne savais plus comment m'y prendre de toute façon. Au final, nous étions comme deux ados débutants, aussi désappointé l'un que l'autre. Je me suis sentie la reine des empotées et j'étais persuadée qu'il était très déçu de moi et qu'il n'avait pas aimé mon corps une fois nue.

— Peut-être que c'est tout simplement que son désir était trop fort. Et dans le feu de l'action, il a débandé. Cela arrive quelquefois, avec la peur de ne pas être à la hauteur.

— Ah oui, je n'avais pas pensé à ça.

— Quoiqu'il en soit, il a dû se trouver aussi embêté que toi, et même plutôt honteux.

— Oui et on aurait pu tout arrêter très vite, mais on a continué. Pourquoi ? Au bout d'une heure, nous étions fourbus, dépités, mais avions gardé le sens de l'humour, histoire de ne pas perdre la face. Attention, quand je dis gardé le sens de l'humour, il ne faut pas croire que l'on se marrait et que l'on faisait de l'esprit ! Non, simplement on ne s'est pas fâchés. Et personne n'a pris la mouche. Donc c'est déjà ça! Nous somme restés ensemble une partie de la nuit, à ne rien faire, juste être côte à côte. Il faut avoir un certain sens de l'humour pour faire ça, non ?

Claudia est pliée de rire à écouter la manière dont raconte Roselyne. Elle se prend à mimer la situation et Roselyne rit à son tour. Elles finissent toutes deux en fou rire, prenant soudain conscience du degré de désolation de la situation.

— Bon, voilà, continue Roselyne entre deux sanglots de rire, et puis j'ai trouvé l'énergie de rentrer, n'y tenant plus. Ensuite je l'ai appelé pour lui demander s'il voulait que l'on se revoie le soir suivant, donc hier, dans l'idée évidemment de se redonner une chance, mais il ne le souhaite pas. Je l'ai rappelé tout à l'heure, mais il ne veut toujours pas. J'en suis là. Et depuis hier, je pleure. Je ne comprends rien.

— Pourtant tu as bonne mine…

— Ce sont les larmes alors, ça doit hydrater.

-2-
Les yeux verts

Roselyne et Claudia ne se sont pas revues depuis plus d'un mois. Toutes deux très prises par leur travail et ne s'accordant que peu de temps pour les loisirs et les amis. Travaillant dans l'immobilier, Roselyne n'y arrive plus, elle ne dort plus, fait de son mieux pour être présentable, attentive, avenante durant les rendez-vous avec sa clientèle, mais elle n'y est pas totalement. Elle parvient à donner le change, mais elle a perdu son allant, sa motivation. Elle fait quand même quelques bonnes affaires, mais si son corps reste somme toute dynamique, ses yeux affichent une profonde tristesse et l'humour n'est plus au menu du jour. Ce midi, elle a rendez-vous avec son amie. Elle a hâte.

C'est sandwich-balade au bord de la rivière. Claudia, décoratrice d'intérieur, raconte à son amie ses dernières créations, et ses déboires avec un client qui a des goûts très différents des siens et avec lequel elle va devoir beaucoup composer.
— Pourquoi tu acceptes de travailler pour lui si c'est aussi incompatible avec tes idées ? lui demande Roselyne. Et qu'est-ce qu'il fait qu'il te garde ? Tu es à ton compte, tu peux choisir ta clientèle !

— Je n'en sais rien, le goût du défi pour moi je crois. Et puis si j'arrive à le convertir à mes idées, ça peut être un chantier très fructueux. Il a des relations et si je pouvais entrer dans son cercle, ce serait l'affaire du siècle…

— Oui, je vois, tu aimerais bien te le faire.

— Non ! Pourquoi tu dis ça ? N'importe quoi !

— Je te connais un peu. Tu aimes la résistance, ça t'excite. Il a quel âge?

— Trente cinq ans.

— Un petit jeune ! Et il fait quoi pour avoir un cercle ?

— Il est dans l'informatique, il crée des jeux qui se vendent partout dans le monde. Et il joue au golf.

— Ah oui, là, je te tire mon chapeau. Je suppose qu'il n'est pas trop mal de sa personne ?

— Il est à tomber.

— Nous voilà bien. Et pourquoi veut-il que tu t'occupes de sa déco, s'il n'aime pas tes propositions ?

— Je n'ai pas dit qu'il n'aimait pas, il fait de la résistance.

— Mais tu n'es pas censée être à l'écoute de ton client ?

— Si, mais lui m'énerve particulièrement parce qu'il a vraiment des goûts de chiottes ! Et il ne s'en rend même pas compte. Même dans sa façon de s'habiller, c'est dément ! Il est vraiment beau et il a le don de se fringuer avec des trucs, oui des *trucs* trop grands, ou mal taillés, ou d'assembler des couleurs absolument incompatibles, comme le rose et le orange…

— Il s'habille en rose et orange ?

— Yesss…

— C'est cool ! J'adore !

— Ah bon ? Moi je trouve ça laid. Ça jure et ça m'irrite l'œil. Surtout qu'il a le teint très pâle et qu'il est roux.

— Tu as dit qu'il était à tomber...

— Oh que oui ! J'adore les roux au teint laiteux. Il a une peau magnifique, une crinière rousse ondulée qu'il maintient en queue de cheval et un corps d'athlète que j'imagine glabre. J'aime pas les poils .

— Oui, c'est vrai, tu me l'avais déjà dit et je comprends maintenant pourquoi tu ne lâches pas l'affaire. C'est pile ton type d'homme. Je ne savais pas que tu aimais les rouquins par contre.

— D'abord on dit les roux et ensuite je les adore. J'aime beaucoup les rousses aussi. Elles sont souvent splendides. Surtout celles avec des yeux verts. Sais-tu que les yeux verts sont de plus en plus rares ?

— Il a les yeux verts ?

— OUI !

Les deux amies se regardent et échangent un sourire très appuyé. Elles n'ont pas fini de se retrouver et de se raconter leurs aventures amoureuses et sexuelles. Pourtant, Roselyne n'est pas à la fête du tout et cet intermède lui fait beaucoup de bien.

— Et toi, tu en es où ? demande Claudia.

Roselyne soupire du nez. Elle propose de s'asseoir sur le banc devant lequel elles passent juste à ce moment là. Elle s'y affale en soufflant.

— Bof, pas terrible. Nous avons gardé le contact lui et moi. On continue de s'envoyer des messages, toujours très humoristiques et très ambigus. Tout me laisse à penser qu'il a des sentiments pour moi, sans qu'il le dise franchement. Je lui ai beaucoup écrit pour lui expliquer que je ne lui en voulais pas, que ce qui s'était passé n'était la faute de personne, que ce n'était pas si important pour moi. Évidemment, je lui ai aussi demandé si c'était à cause de moi, que peut-être je m'y étais mal prise, qu'il était peut-être déçu de mon corps… parce qu'en fait je culpabilisais beaucoup depuis, malgré tout. Il m'a répondu que ce n'était pas ça et que mon corps était parfait et que c'était lui. Mais il ne me donne pas plus d'explications. C'est lui, c'est lui, OK, moi je veux bien, mais quoi LUI ? Il ne veut toujours pas qu'on recommence. Le pire, c'est que l'on s'est revus chez les mêmes amis. On a plaisanté, on s'est taquinés, frôlés, on ne s'est quasiment pas quittés de la soirée, cependant il ne veut toujours pas que l'on réessaye. C'est frustrant, incompréhensible et ça me rend complètement chèvre ! C'est évident que l'on s'apprécie énormément pourtant.

— Oui, je comprends, il a peut-être un problème d'érection ?

— Oui, peut-être, mais il pourrait me le dire ! Au moins pour que je comprenne !

— Il a sans doute honte de lui, il s'est peut-être senti humilié…

— Sans doute, et par orgueil ne voudrait pas renouveler l'expérience… et ça je veux bien comprendre, je veux bien tout comprendre, du moment qu'il m'explique ! C'est ça qui est horrible, c'est que je n'ai aucune explication, et que l'on fait comme si tout allait bien. Ceci dit, c'est toujours moi qui envoie des messages. Il répond toujours d'ailleurs, avec beaucoup de tendresse, même. Mais ce n'est jamais de sa propre initiative. Il ne m'a jamais demandé comment j'allais, par exemple. J'ai l'impression qu'il n'en a strictement rien à fiche et pourtant, quand on s'écrit c'est toujours très fort.

— Il n'y a pas moyen de le voir seul à seul ?

— Tu parles, il est toujours parti par monts et par vaux. Il est très très occupé. Mais ce qui m'étonne, c'est qu'il me répond toujours. Donc il est quand même attentionné…

— Ou alors il ne veut pas perdre ton amitié…

— C'est donc qu'il a un peu de considération pour moi, non ? Ce que je voudrais, c'est qu'il me dise clairement ce qu'il ressent pour moi. Clairement, tu vois ? Que je sache à quoi m'en tenir, sans être tout le temps à espérer qu'il m'appelle, ou qu'il réponde à mes messages. Quand il répond, par moment, j'en pleurerais tellement c'est adorable. J'ai des sursauts d'espoir que tout n'est pas perdu et que l'on va se revoir et faire l'amour. C'est absolument horrible. Je me réveille la nuit avec son prénom sur les lèvres, j'y pense tout le temps. TOUT LE TEMPS ! Il occupe tout mon espace mental. Je n'ai plus d'énergie à rien. Je fais ce que j'ai à faire, mais je suis comme une zombie. Je passe mon temps à attendre qu'il m'écrive ou m'appelle. C'est horrible. Horrible !

Roselyne pleure. Son amie la prend dans ses bras. Lui dit que c'est un con et qu'il ne la mérite pas.

— Ben de toute façon, il ne me veut pas, alors…

— Je veux dire qu'il ne mérite même pas ton affection, ton attention.

— Je ne sais pas, oui c'est un con, mais il est tellement adorable à part ça. J'ai l'impression que j'ai quelque chose à faire avec lui. Je ne sais pas quoi, mais je suis persuadée que l'on ne s'est pas rencontrés par hasard. Ce n'est pas possible une telle complicité…

Claudia s'est détachée de Roselyne et la regarde avec compassion.

— Je peux te dire quelque chose ? Ne le prends pas mal surtout. Arrête de lui écrire, ça ne vous mène nulle part.

— Tu as sans doute raison, mais je ne peux pas m'en empêcher, c'est plus fort que moi. Je tiens tant que je peux et à un moment donné, ça explose ! Et j'essaie toujours d'être raisonnable, de ne pas lui faire peur avec mes sentiments, de le respecter. Il a ses raisons et je sais, je sens qu'il tient quand même à moi.

— OK, c'est toi qui vois…

Juste à ce moment, un ami commun aux deux femmes passe devant leur banc de confessions.

— Bonjour les filles, vous faites bronzette ? Hou là, ça n'a pas l'air d'aller fort, Roselyne !

— Bonjour Nicolas, non, ce n'est pas la fête.

— Qu'est-ce qu'il t'arrive ? Je peux m'asseoir ?

— Si tu veux, mais bon, je ne sais pas si j'ai envie d'en parler. C'est un mec en fait.

— Chagrin d'amour ?

— Oui, un truc pas clair et compliqué.

— Alors j'ai peut-être quelque chose pour toi, pour vous deux d'ailleurs. J'ai une copine qui monte un atelier d'écriture, ça vous dirait ?

— Bof, répond Roselyne, je ne suis pas très en verve en ce moment. Je n'arrête pas de pleurer.

— Et si je vous dis que c'est un atelier d'écriture pas comme les autres.

— C'est-à-dire ?

— Écriture coquine, ça vous parle ?

— Comment ça ?

— Faire des expériences d'écriture coquine, croustillante, sensuelle, érotique…

— Waouh ! s'exclament les deux femmes en même temps. Ça peut être marrant, qu'est-ce que tu en penses Roselyne ? demande Claudia.

— Je ne sais pas, j'adore écrire, mais je n'ai jamais fait ça.

— Mon œil, lui répond la décoratrice, et quand tu écris à ton bonhomme, tu fais quoi ?

— Oui, c'est vrai, c'est chaud, mais ça ne va quand même pas très loin, vu les circonstances…

— Allez, c'est le moment ! On va s'amuser et c'est en toute confidentialité, précise Nicolas. Ma copine est très sécurisante, ne vous en faites pas. Et on ne sera pas très nombreux. Alors, top là ?

— Oui, d'accord pour moi, répond Claudia.

— Bon, c'est d'accord aussi, dit Roselyne dans un soupir.

-3-
Torchon et compagnie

— Bonjour, je suis Brigitte Lahait, l'animatrice de cet atelier, j'ai cinquante ans et...
— Brigitte Lahaie ? Vous êtes...
— Non, c'est juste un homonyme. Un homophone. Ça se prononce de la même manière, mais pas avec la même orthographe.
— Oui, et en plus, vous ne lui ressemblez pas du tout ! Comment peux-tu confondre, Roselyne ? intervient Claudia.
— Je ne sais pas, je ne l'ai jamais vue. Et Nicolas connaît tellement de monde, alors pourquoi pas ?

Les présentations continuent, ce qui est assez rapide car outre Roselyne, Claudia et Nicolas, sont présentes deux autres femmes, Cléa, la trentaine, agitée de quelques tics au niveau des yeux et des épaules et Estelle, la doyenne, qui doit bien avoir quatre-vingts ans. Nicolas est le seul homme, mais cela ne le dérange pas du tout. Il aime la compagnie des femmes.

Brigitte, l'animatrice, explique la politique de cet atelier un peu particulier :

— Il s'agit avant tout d'un atelier d'écriture. Mais dans lequel vous allez pouvoir explorer toute votre sensibilité sensuelle. Il n'y a ni tabou, ni censure. L'idée est de se faire plaisir et de s'autoriser. Tout ce qui sera dit ici ne devra pas sortir d'ici. C'est le contrat. Sinon, rien n'est possible. J'anime déjà un atelier de cet acabit. C'est en huis clos, toujours avec les mêmes personnes pour assurer un climat de confiance et avec peu de monde. Nous nous voyons une fois par mois et entre deux, rien ne vous empêche de vous amuser chez vous, entre vous, ou ailleurs. Et je précise que je suis sexologue.

— Ah, ceci explique cela…

— Je ne vous l'avais pas dit ? s'étonne Nicolas

— Eh non, petit cachottier.

— Je suis donc là pour vous garantir une écoute, une attention, et une sécurité qui vous permettra de vous lâcher et de dire tout ce que vous avez envie de dire, continue l'animatrice. Un seul mot d'ordre, on ne juge pas. Vous avez toutes été amenées par Nicolas, et je lui fais confiance. C'est à sa demande que j'ai créé ce nouvel atelier. Je ne vous connais pas encore, mais si vous vous prêtez au jeu, ce sera une magnifique aventure. Je ne vous en dis pas plus. Si vous le voulez bien, on va commencer.

— Pas de préliminaires alors ? se hasarde Nicolas.

Sourires et rires.

— Non, pas de préliminaires.

Roselyne et Claudia se regardent et pouffent de rire en se souvenant de leur conversation d'après Noël.

— D'autres questions ?

Pas de question. Les participants se regardent, écarquillent les sourcils, font une bouche en cul-de poule, secouent doucement la tête de gauche à droite et font, non, pas de question. Ils attendent.

— Dans cet atelier d'écriture coquine, sensuelle et érotique, nous allons commencer avec une liste de mots que je vais vous lire et dans laquelle vous retiendrez juste cinq mots qui devront figurer dans votre texte. Pour privilégier l'instantanéité, je vous laisserai dix minutes pour l'écrire. Ça ira ?

— Dix minutes ? C'est court ! s'exclame Nicolas.

— Oui, c'est une expérience dans l'instantanéité. Nous allons expérimenter une multitude de possibilités dans lesquelles vous pourrez jouer à votre guise, mais toujours avec des consignes. Vous allez ainsi explorer tous vos talents, votre imagination, et aussi vos limites, vos auto-censures et expérimenter des styles différents.

— On va bien jouer ! commente Cléa, la jeune femme avec des tics.

— C'est l'idée ! Alors si vous êtes prêts, je commence : « torchon…

— Torchon ? Tu veux qu'on écrive un truc érotique avec le mot « torchon » ? demande Nicolas, interloqué.

— Je ne veux rien, je propose, rassure Brigitte l'animatrice sexologue, laisse-toi aller, ferme les yeux et ne m'interromps pas, ajoute-t-elle doucement. Je reprends et chut. Fermez les yeux et laissez-vous imprégner des mots.

Elle énonce lentement, calmement : « torchon… pirouette… sucre glace… aristocrate… balançoire… paresseuse… papier… rose… carabine… cornet… piston… crapaud… ficelle… rivière…

carotte... blanche... délicat... rebelle... élastique... crevette... dinosaure ». Elle relit posément la liste de mots, laisse un temps pour que chacun laisse venir l'inspiration, puis elle donne le départ pour l'écriture.

À l'expiration des dix minutes, elle propose que chacun lise à haute voix, s'il ou elle en a envie. Évidemment, tout le monde se débine, mais Claudia se lance, sous les regards admiratifs de ses comparses de jeu :

— Bon, j'y vais, mais ne vous moquez pas !

Puis sans attendre :

— « Un torchon à la main, le frêle garçon de café se tortillait entre les tables pour aller servir au plus vite ces messieurs-dames, ces demoiselles et damoiseaux, ces beautés et ces crapauds qui le réclamaient de-ci de-là. Il aurait bien aimer souffler pour contempler la jeune fille qui faisait la paresseuse sur la balançoire dans le petit jardin du restaurant. Elle se laissait aller d'avant en arrière, nonchalamment, les cuisses écartées et il pouvait voir sa petite culotte blanche à chacune de ses montées de jambes, ce qui lui faisait dresser sa carabine sous le torchon qu'il portait maintenant à la ceinture ».

— Waouh, dis-donc, c'est fort ! s'exclame Nicolas.

Les participants lui lancent un regard admiratif et il se passe quelques minutes pendant lesquelles Claudia exprime son ressenti, ce qu'elle a éprouvé à écrire cela, comment les mots sont venus sans réfléchir et combien elle est elle-même surprise de ce qu'elle a écrit. Surtout à s'entendre lire.

Brigitte la félicite d'avoir fait le premier pas et demande s'il y a d'autres candidats à la lecture.

— Je veux bien, répond Estelle, la doyenne.

Tout le monde la regarde avec une grande curiosité. Qu'a bien pu écrire Estelle, cette jolie vieille dame au regard bleu argent, à la bouche fine et malicieuse ?

— Bon, j'y vais, annonce-t-elle avec une voix bien campée, histoire de se donner du courage. Vous ne vous moquez pas hein ?

— Certainement pas, sinon la création n'est plus possible, la rassure l'animatrice.

— Bon alors j'y vais. Je vous préviens, je n'ai pas réfléchi non plus, j'y suis allée en écriture automatique…

— C'est aussi l'idée, lui confirme Brigitte.

— Bon alors j'y vais :

« Le piston de la carabine était bloqué. Le coup de feu ne voulait pas partir. Que diable avait ce dinosaure dans son slip ? C'était bien la peine de se tortiller le torchon en faisant tournicoter ses élastiques si c'était pour en arriver là ! La rose blanche attendait que le sucre glace de cet aristocrate de pacotille vienne lui titiller la crevette. Mais que nenni, point n'était prévu au programme de ce crapaud lubrique de dévoiler sa carotte sous les yeux rebelles de la belle intrépide. Elle alla donc se califourchonner sur la balançoire suspendue dans le salon, remuant ses attributs, minaudant quelques pirouettes de la tête avec sa chevelure enfantine, tandis que l'animal s'alanguissait dans son joli cornet à l'odeur de marée montante. Elle feignait la paresseuse, se prenait les guibolles dans les cordes de papier et se laissait couler comme une rivière ».

Les autres la regardent, éberlués, suffoqués, bouches bée.

— Tu as utilisé tous les mots ! s'émerveille Brigitte, époustouflée. Je n'en demandais pas tant ! Tu te souvenais de tous ?

— Heu...ben oui... ! Ce n'était pas ce qu'il fallait faire ? demande Estelle naïvement.

Nicolas sourit en coin en la regardant. Ils échangent un regard complice. Il connaît ses capacités.

— Peu importe, c'est extraordinaire !

— Eh bien, ça promet ! s'exclame Roselyne que ces lectures ont réveillée. Youpi, je sens qu'on va bien s'amuser ici !

— Tant mieux ! lui répond l'animatrice. Vous avez aimé écrire cela, Estelle ?

— J'ai adoré ! lui répond l'octogénaire. C'est la première fois que je m'adonne à ce genre de jeu et j'en avais envie depuis très longtemps.

— Et vous vous sentez comment ?

— Je tremblotte un peu, mais je ressens du plaisir et j'ai surtout très envie de recommencer !

Estelle est aux anges. Elle a fait son petit effet et cela ne lui déplaît pas. Elle s'amuse beaucoup, c'est une formidable entrée en matière et une belle récréation pour elle.

— Vous démarrez très fort dans ce groupe. Un autre partage ?

— Je ne sais pas, hésite Roselyne, ça ne m'a pas vraiment inspirée. Et puis je ne suis pas vraiment en forme.

— Il n'y a aucune obligation, rassure Brigitte. Que des autorisations. Qu'est-ce qu'on s'autorise à faire ou à dire, qu'est-ce qu'on s'autorise à ne pas faire ou ne pas dire…

— Et donc, qu'est-ce qu'on s'empêche aussi, intervient Cléa, la jeune femme avec des tics.

— Oui, tout à fait. Mais en s'intéressant à ce que l'on s'autorise, on se rend vite compte de ce que l'on s'empêche aussi, vous ne croyez pas ?

— Alors du coup, quand on bloque on peut se demander ce que l'on s'empêche ou ce que l'on s'autorise ? intervient Nicolas.

— Oui, en fait, c'est comme vous voulez ! répond Brigitte.

— Yesss ! répond joyeusement Roselyne, ça me plaît. Je vais m'autoriser, vous allez voir, j'en ai besoin !

Le petit groupe est déjà très animé pour une première rencontre.

-4-
Balançoires et crapauds

— Et toi Cléa, interroge Brigitte, as-tu envie de lire ton texte ?

— Pourquoi pas ? Mais avant il faut que je vous informe d'un petit quelque chose. J'ai une maladie neurologique, d'origine génétique. Peu importe laquelle, c'est juste pour vous informer que par moments, je peux être un peu... agitée. Et comme nous sommes dans un atelier qui parle de sexualité, j'ai envie de vous confier ceci : J'ai remarqué que lorsque je suis dans les bras d'un homme que j'aime et qui m'aime, je n'ai plus aucun symptôme. En fait, quand je vis une sexualité heureuse, quand je suis en amour avec quelqu'un, tout va beaucoup mieux. Je pense qu'il y a un lien sur le plan hormonal, la sérotonine, la dopamine, les endomorphines et l'ocytocine qui sont déversées dans l'organisme dans ces moments-là. Je me suis renseignée. Et je pense que la sexualité est un tout qui peut mener à l'amour inconditionnel. C'est aussi pour cela que je suis ici, pour expérimenter d'autres aspects de ma sexualité, notamment par l'écriture. Et aussi de ma spiritualité. Je suis très en recherche.

Brigitte est aux anges. Elle regarde chacun des membres du groupe, observe l'impact de ces mots sur chaque personne.

Estelle sourit, elle semble très à son aise. Et embrasse Cléa du regard. Brigitte le remarque et l'interroge :
— Cela semble te faire plaisir Estelle.
— Oui, parce que j'ai l'impression de me voir cinquante ans en arrière.
— C'est-à-dire ?
— J'ai le syndrome de Tourette. Je pense que c'est ton cas Cléa ?

Cléa confirme.

— Mais cela ne se voit plus chez moi, continue Estelle, tout en douceur, grâce à un travail assidu sur moi depuis longtemps et je rejoins Cléa dans son petit laïus sur la sexualité, les hormones et l'amour inconditionnel. Voilà, c'est tout. J'aurai certainement l'occasion de vous en dire plus, mais nous sommes amenés à nous revoir, donc nous allons nous découvrir les uns les autres au fur et à mesure, n'est-ce pas ? C'est l'idée il me semble aussi, si j'ai bien compris ?

— Oui, tout à fait, confirme Brigitte. J'aimerais bien entendre ce que tu as écrit, Cléa, si tu le souhaites toujours…

— Oui bien sûr. Je suis bluffée Estelle, c'est incroyable que nous nous rencontrions ici ! commente la jeune femme. Tu n'as plus aucun tic ?

— Quasiment.

Du coup, Cléa est secouée de tics par l'excitation et la joie que lui procurent cette révélation, car oui, elle aussi a le syndrome de Gilles de La Tourette, mais elle ne voulait pas le nommer. Et elle aussi fait un travail sur elle depuis quelques années. Ce qu'a dit Estelle lui donne beaucoup d'espoir et cela l'émeut, d'où les tics. Estelle sourit et comprend tout. Cléa prend le temps de se recentrer, mine de rien, ce que seule Estelle peut percevoir, tant la démarche est rapide et subtile. Et elle connaît si bien. Il règne dans ce petit groupe une intensité émotionnelle si forte, que même les quelques plantes présentes semblent vibrer.

— Nous t'écoutons Cléa, chuchote Brigitte qui semble aussi avoir compris.

La jeune femme pouffe de rire. Elle trouve soudain la situation incongrue et jubilatoire. Et avec un marteau piqueur dans la poitrine, elle se lance :

— « Au bord de la rivière, une jolie petite lapine toute blanche se mirait et admirait son joli minois aux doux poils soyeux dans le miroir scintillant et ondulant. Une petite crevette rose qui nageait dans le coin lui fait de beaux compliments et la trouve si jolie qu'elle lui propose de faire deux vœux.

— Pourquoi pas trois ? demande la jolie lapine toute blanche aux doux poils soyeux.

— Parce que c'est deux et puis voilà, lui répond la crevette. Alors, que veux-tu ? Dépêche-toi, tu n'as que huit minutes.

— Pourquoi huit minutes ? demande la jolie lapine toute blanche aux doux poils soyeux.

— Parce que, répond la crevette rose.

— Alors je veux qu'un délicat crapaud vienne me ficeler à cette balançoire, là-bas et me déglinguer délicatement mon joli croupion rose.
— Et le second ?
— Que je me transforme en dinosaure et que le crapaud se transforme en carotte.
— C'est très bizarre comme vœu ! Tu es sûre ?
— Non, mais on n'a que quelques minutes et je ne suis pas très inspirée par les mots, alors ça donne ça.
— OK, je comprends, du coup, tu as droit à un troisième vœu, mais fais très vite !
— Que le dinosaure bouffe sa carotte ?
— Pff, c'est n'importe quoi ! Je préfère m'en aller, jamais je n'ai eu à exaucer des vœux aussi débiles !
— On avait dit pas de jugement... ».

Pendant la lecture, la petite assemblée s'est mise à sourire, puis à glousser, puis à rire franchement. C'est très vite lu un texte écrit en dix minutes, finalement. Nicolas regarde Cléa avec des yeux écarquillés et la bouche ronde, ce qui la fait rire. Tant de styles différents, des surprises, de l'humour, Roselyne se détend et a presque envie de lire son maigre texte se disant que ce serait mieux avant celui de Nicolas, car elle suppute chez lui un certain talent et ne voudrait pas faire le soufflé qui retombe après la lecture de son ami.
— Je veux bien lire mes quelques lignes ! annonce-t-elle d'un bond.

Elle est toute ragaillardie, excitée comme une enfant et ses compagnons de jeu s'en amusent et la taquinent.
— Bon, je vous préviens, c'est court !
Brigitte lui sourit et lui dit :
— Nous t'écoutons.
— Roselyne prend une bouffée d'air, et dans un souffle :
« Un crapaud et un dinosaure tiraient les ficelles, se disputant à savoir qui serait le premier à draguer la blanche crevette qui se prélassait au bord de la rivière... ». Voilà, c'est tout.
— Tu as utilisé cinq mots, euh, non... six, tu as tenu dix minutes, la consigne est respectée, commente l'animatrice.
— Ah oui, vu sous cet angle ! Je pense que je le continuerai chez moi.
— Ou pas ! Tu verras bien. Comment tu te sens ?
— Pas trop mal, c'est bizarre comme impression. Je suis bien en fait.
— Bon, cool ! Il nous reste notre homme ! Nicolas, tu te lances ?
— En fait, non, je n'ai rien écrit. Je pense que je voulais faire un truc génial et du coup, je n'ai rien su écrire, rien n'est sorti. J'ai dessiné plutôt.
— Montre ! demande Claudia, très curieuse.
Nicolas continue d'expliquer tout en montrant ses dessins de crevettes et de crapauds.
— Mais quand j'entends les textes des autres, je me dis que ce n'est pas la peine de se mettre une telle pression, sinon je ne ferai jamais rien.

— Tu veux dire que nos écrits étaient médiocres ? le taquine Claudia.

— Absolument pas ! C'est juste que c'est moi qui me prends la tête et qui veut être le meilleur.

— C'est drôlement courageux et honnête d'avouer cela, Nicolas. Je ne sais pas si je serais capable de parler ainsi de moi, admire Roselyne.

— Merci les filles, je me sens dans mes petits souliers. Ceci dit, vous êtes toutes complètement barrées et je pense qu'une psychanalyse ne vous ferait pas de mal !

— Merci jeune homme ! s'exclame joyeusement Estelle, je le prends comme un compliment !

— En attendant, tes croquis sont superbes. Tu as un talent fou !

— C'est pour ça que j'en ai fait mon métier. Mais c'est assez difficile la B.D. Cela demande énormément d'énergie. Et en même temps, j'aimerais bien étoffer mes savoir-faire avec l'écriture justement et j'ai depuis longtemps envie de produire une BD érotique. Mais je n'ose pas.

— Et moi j'ai envie d'écrire un roman érotique, complète Cléa. On pourrait peut-être s'associer?

— Oui, euh, on va attendre un peu Cléa, parce que tu me fais un peu peur avec tes lapines et tes crapauds ! Voyez-vous, j'ai connu Cléa à la piscine où elle est maître nageuse. Je ne savais pas qu'elle était chtarbée à ce point !

— Non mais dis donc ! s'offusque Cléa en le tapant avec sa feuille.

Nicolas fait mine de se protéger le visage en geignant non, non, arrête, aïe ! Ils rient et se sourient avec une complicité non feinte.

— Ce qui est amusant, commente Brigitte, c'est de constater que certains mots sont récurrents dans vos textes, plus que d'autres. Maintenant, ce qui serait intéressant, c'est de voir comment vous avez fonctionné pendant cet exercice. Non pas pourquoi vous avez écrit cela, mais plutôt comment vous vous y êtes pris, ce que vous avez ressenti, dans quel état émotionnel vous étiez au fur et à mesure. Vos réflexions internes, vos censures, vos autorisations… on en a déjà parlé, car cela se fait naturellement, vous voyez ? Mais c'est cela qui est intéressant, il y a d'un côté ce que vous écrivez, et de l'autre les coulisses de l'écriture. C'est aussi à cela que vous allez vous entraîner.

— Du coup, c'est un atelier écriture coquine, érotique et aussi de développement personnel ?

— Par la force des choses, oui, on peut le voir ainsi. Écrire est déjà une aventure personnelle, mais écrire des choses érotiques l'est encore plus, car on se dévoile, on se met à nu. Ce n'est pas innocent, tout en allant vers l'innocence, paradoxalement. Car c'est aussi un travail de dépouillement. Donc on va s'amuser, s'explorer, se lâcher, s'abandonner, jouer, se dépouiller et peut-être s'épanouir véritablement. Alors ma question, au terme de cet atelier, est, avez-vous envie de continuer cette aventure ?

-5-
Odeur des bois

Suite à l'atelier, Claudia et Roselyne décident d'aller dîner en ville. Évidemment, elles échangent leurs impressions sur ce qu'elles y ont vécu et s'accordent sur le fait qu'elles ont toutes deux hâte d'être au prochain, dans un mois. Ça va être long. Même si elle ne s'est pas trouvée très performante, Roselyne a très envie de retenter l'expérience, et d'oser plus. Ce qui n'échappe pas à Claudia qui lui fait remarquer que c'est aussi ce qu'elle souhaite avec… avec qui en fait ? Elle se rend compte qu'elle ne connaît toujours pas le prénom de l'homme dont parle tout le temps son amie.

— Jonathan.

— Ah mais c'est dingue que tu ne m'aies pas encore dit comment il s'appelait !

— Tu ne me l'as jamais demandé.

— Oui, c'est vrai, mais c'est curieux, tu ne le nommes jamais.

— Cela ne s'est sans doute pas présenté. Et ce n'était sans doute pas nécessaire à la compréhension des faits.

— Tu avais peut-être peur que je le connaisse et le reconnaisse ?

— Oui, peut-être, je ne veux pas le salir.

— Je ne le connais pas. Bon, comment tu es depuis la dernière fois, depuis la semaine dernière ?

— Je suis à la fois excitée comme une puce et complètement amorphe. J'essaie de ne pas lui écrire, pour ne pas faire celle qui se cramponne, ou qui a besoin de lui, pour ne pas avoir l'air de le harceler. Mais c'est dur. J'ai craqué hier. Je lui ai souhaité bonne chance pour sa prochaine conférence et il semblait très heureux que je lui écrive. Presque comme s'il attendait cela ! Normalement, je le revois dans dix jours car nous sommes de nouveau invités chez des amis. Mais pas les mêmes. J'ai super hâte ! Je ne tiens plus en place. Il m'a écrit qu'il était impatient de me revoir également. Nous avons plaisanté et échangé des mots avec plein de sous-entendus. J'ai bon espoir que cette fois-ci, il nous donne notre seconde chance.

— Je te le souhaite, si c'est ce qui est juste pour toi.

— Je ne sais pas si c'est juste, mais j'ai le sentiment que ça doit se faire. Ce n'est pas possible autrement. Sinon pourquoi je l'aurais rencontré ? Pourquoi cette complicité ? Je suis toujours persuadée que nous avons quelque chose de fort à vivre ensemble et que ce n'est pas le fait du hasard si nous nous sommes rencontrés.

Roselyne semble si sûre d'elle que Claudia ne sait quoi ajouter. Elle écoute son amie, tout simplement.

— Bon et toi, ton beau golfeur ? Il s'appelle comment ? demande Roselyne à Claudia pour couper le silence.

— Dimitri.

— Il a toujours des goûts de chiottes ou tu as réussi à le convertir ?

— Tu sais, ça ne fait pas longtemps que je travaille pour lui. Mais je sens qu'on avance dans le bon sens. Disons, qu'avec un peu de psychologie et d'écoute, j'arrive petit à petit à le faire adhérer à mes idées. Il n'y connaît rien, il a juste besoin d'un peu d'éducation…

— Tu le manipules en fait.

— Non, je l'éduque. Mais si tu préfères y voir de la manipulation, pourquoi pas. Après tout, on fait tous ça, non ?

— Moi, je préfère jouer franc jeu avec mes clients.

— Oui, moi aussi, c'est ce que j'ai fait avec lui, mais il se braquait tout le temps, alors j'ai changé de tactique.

— Bon sang, mais qu'est-ce que vous fichez à travailler ensemble ?

— Tu l'as dit l'autre jour, on se plaît je crois.

— Vous avez couché ensemble ?

— Oui.

— Quoi ?! Tu couches avec ton client ?

— C'est la première fois. C'est exceptionnel.

— Mais ça ne se fait pas !

— Je sais, mais en fait ce n'est plus vraiment mon client. C'est mon amant maintenant. Et on essaye de parler le moins possible de déco.

— Ha là là, petite cachottière, pourquoi tu ne me l'as pas dit tout de suite ?

— Je ne voulais pas te faire de la peine, à cause de ce que tu vis avec Jonathan.

— Je suis capable de faire la part des choses. Si ça se passe bien avec ton petit jeune, ça me ravit. Tu vas pouvoir me raconter !

— Haha-ha ! Tu n'en manques pas une !

— En fait, depuis que j'ai rencontré Jonathan, je ne pense qu'au sexe. C'est fou, je ne pensais pas être comme ça et en arriver là.

— Mais si on y réfléchit bien, qu'est-ce qu'il y a de plus important dans la vie ? L'amour, l'amitié, la bouffe, le rire et… le sexe, non ? Le reste c'est du blabla.

— Ouiii ! Je suis tout à fait d'accord !

— À condition que ce ne soit pas humiliant.

— Tu as raison. Mais après tout, à chacun de fixer ses limites. Du moment que les partenaires sont consentants, c'est cela qui compte, non ?

— Oui, c'est LA condition.

— Bon, et alors, vous avez été consentants sur quoi ? questionne Roselyne qui ne lâche pas l'affaire.

— Tu veux vraiment que je te raconte ?

— Ben oui, ça traîne en longueur.

— Bon, en fait je suis allée chez lui quatre fois. Les deux premières fois c'était pour le boulot, pour sa maison. Laquelle est magnifique, mais l'intérieur est vraiment à refaire. Bon, passons. La troisième fois, nous avons un peu discuté et finalement, nous sommes passés sur le mode frôlements et caresses.

Enfin, surtout de sa part. Bien sûr, je ne bronchais pas, c'était tout ce que j'attendais en fait. Mine de rien, comme ça, il s'est insinué sous mon pull, par derrière et s'est mis à me caresser le ventre, longuement. Puis il m'a collée contre lui et m'a embrassée dans la nuque. C'était très très bon. Il a les mains très douces et il est extrêmement délicat. J'en frissonne encore...

— Ah bon, il ne t'a pas sauté dessus et plaquée sur son lit, ou sur un mur ?

— Non, ce fut tout le contraire. Il est très délicat, et adore caresser, longtemps, partout. Il est super doux, c'est incroyable, je n'ai jamais connu cela avant lui. Quand on le voit, comme ça, on ne s'imagine pas comme il peut être un amant extraordinaire. C'est mieux qu'en rêve. Et puis, je ne sais pas d'où il tient ça, mais il sent la forêt d'eucalyptus.

— C'est son parfum ? Ou bien il est enrhumé ?

— Mais non ! Tu es bête ! C'est subtil.

— Ah bon, parce que je ne sais pas si tu as déjà traversé une forêt d'eucalyptus, mais c'est fort !

— Oui, je l'ai déjà expérimenté et j'adore. Mais ce n'est pas si fort chez lui, c'est frais et subtil. Tu as l'impression de faire l'amour dans les bois, au milieu des écureuils.

— Ah ben oui, il est roux !

— Ah, c'est malin ! Tu me fais rire ! Je n'y avais pas pensé.

— Il a l'odeur de son physique en fait, les yeux verts pour l'eucalyptus...

— La feuille d'eucalyptus est plutôt bleutée...

— Mhhh, oui, ce n'est pas faux. Oui, mais sur les paquets de bonbons pour la gorge, c'est vert ! Et les cheveux roux pour l'ambiance faune sauvage, écureuils, renards…
— Voilà. Et de fil en aiguille, si la suite t'intéresse…
— Oui, oui !
— De fil en aiguille, il s'est insinué partout. Je n'ai rien eu à faire. Il me faisait des propositions et je m'exécutais docilement, totalement à sa merci. Il adore les préliminaires, il passerait des heures à me lécher, me caresser, me masser, me sucer… en restant tout habillés, juste en écartant un peu les vêtements, en les soulevant, les laissant glisser juste ce qu'il faut pour accéder aux endroits convoités.
— Mmmmhhh, oh là là, tout ce que j'aime aussi.
— Oui, c'est pour cela que j'hésitais à te raconter. C'est tout le contraire de ce que tu as vécu avec ton bonhomme et je sais que c'est ce que tu aimes. Ça va, tu ne m'en veux pas ?
— Non bien sûr, au contraire, ça me laisse de l'espoir. Je constate que ce genre d'homme existe. Et c'est aussi ce que j'aimerais faire avec Jonathan. C'est pour ça que je veux que l'on recommence, je suis méga frustrée ! Ça me bouffe ! Quel gâchis ! Je suis certaine que ça pourrait marcher, que c'était juste un mauvais départ, mais que rien n'est perdu. J'aimerais tant que notre complicité aille plus loin et qu'elle se retrouve aussi sur le plan sexuel. Il m'a allumée et le feu ne s'éteint plus ! Il faut absolument qu'on fasse l'amour et que ce soit magnifique ! C'est devenu obsessionnel. J'ai le sentiment que j'ai plein de choses à lui apprendre, à lui faire découvrir.

— Tu veux lui apprendre ?

— Oui, il est un peu brusque et j'aimerais lui apprendre à aimer.

— Ouch ! Sacrée mission !

— Oui, c'est ça, c'est une mission, confirme Roselyne, en hochant la tête, avec le regard de celle qui vient de mettre le doigt sur quelque chose d'important, sans savoir quoi exactement.

-6-
Second atelier

Il s'est passé un mois depuis le premier atelier d'écriture coquine. Claudia et Roselyne se retrouvent un peu avant l'heure du second. L'agent immobilier ne semble pas être au meilleur de sa forme. Elle se traîne un peu et fait grise mine. Claudia le remarque aussitôt et lui demande avec précaution si elle se sent bien. Roselyne lui explique que non, elle ne se sent pas bien, elle déprime complètement. En fait, elle et Jonathan se sont bien retrouvés chez leurs amis respectifs et la soirée fut merveilleuse. Tellement qu'ils l'ont terminée ensemble, chez elle. Ils ont fait l'amour et c'était un tout petit peu mieux que la première fois. Mais il y a encore du boulot d'après elle. Sur le plan sexuel, elle n'est pas franchement satisfaite, mais elle tient quand même à le revoir. Le problème est que depuis, il ne l'a toujours pas recontactée. Elle lui a téléphoné plusieurs fois et elle est toujours tombée sur son répondeur et n'ose pas trop lui envoyer des SMS car étant donné qu'il est souvent à l'étranger en ce moment, ça lui coûterait trop cher. Alors elle communique avec lui par mail. Mais c'est long. Comme à son habitude, il répond toujours, après plusieurs jours, très agréablement, mais ne lui dit jamais qu'il tient à elle, qu'elle lui manque ou ce genre de choses qu'elle aimerait lire ou entendre. Il est toujours ravi, mais ne dit rien de ses sentiments, contrairement à elle. Car elle éprouve bien quelque chose pour lui. Est-ce de l'amour ? Elle ne sait pas vraiment. Toujours est-il que si elle ne le contacte pas, il ne le fait pas non plus. Aucune démarche de sa part. Et le pire c'est qu'elle a le sentiment profond qu'il éprouve aussi quelque chose de fort pour elle. Elle ne parvient pas à se départir de cette idée. Alors elle n'en peut plus. Elle est fatiguée d'attendre, d'espérer. Apparemment, il garde ses distances et ne veut rien entreprendre. Elle comprend très bien, elle comprend toujours tout, passe son temps à se mettre à sa place. Mais lui, est-ce qu'il se met deux secondes à la sienne? Il n'a jamais aucun mot de sollicitude, d'attention, ne prend toujours pas de ses nouvelles, n'a aucune empathie en fait. C'est très bizarre. Il est si attentionné quand ils sont ensemble chez des amis. Bien sûr elle pourrait s'en détacher, le laisser et s'intéresser à quelqu'un d'autre. Bien sûr elle pourrait ne plus l'appeler, ne plus lui écrire puisqu'elle souffre tant. Elle a essayé. Mais c'est absolument plus fort qu'elle. Il faut qu'elle lui parle, qu'elle lui dise des choses, qu'elle lui montre qu'il compte pour elle, pour qu'il ne se sente pas délaissé, le pauvre, il a tellement de travail, il n'a pas une vie de tout repos ! C'est sans doute pour cela qu'il ne va pas plus loin. Et si *elle* ne le fait pas, ne le contacte pas, elle est mal et tout va de travers. C'est irrépressible chez elle.

    Claudia écoute mais ne peut s'empêcher de penser qu'elle est bornée, qu'elle se met toute seule dans une situation toxique et que ce type n'en vaut vraiment pas la peine. Mais elle ne laisse rien paraître. Du moins elle essaie, car Roselyne la regarde soudain et change de ton. Elle se ferme et maugrée en se racontant à voix basse qu'elle est une pauvre cloche et que personne ne la comprend. Claudia sauve la situation en lui disant simplement :

— Tu souffres tellement, ça me fait mal pour toi. Ça me rend triste de te voir comme ça. Quel connard ce type !

— Oui, je commence à le penser aussi. Mais il faut croire que j'aime les connards. Qu'est-ce qui me pousse à toujours jeter mon dévolu sur ce genre de mec ?

En disant cela, elles se dirigent vers le petit salon de Brigitte où se tient l'atelier d'écriture coquine. Tout le monde est là. À part Roselyne, chaque personne est souriante et semble impatiente de commencer.

— Je suis ravie de vous retrouver tous, commence Brigitte. Pour commencer, avez-vous des questions, des remarques, des choses à partager ?

Les participants s'interrogent intérieurement et interrogent les uns les autres du regard.

— Moi je veux bien dire quelque chose, annonce Cléa. J'ai remarqué que pendant le premier atelier ainsi que les jours suivants, j'étais plutôt calme, c'est-à-dire beaucoup moins agitée par le besoin de faire des tics. J'avais remarqué que d'être dans les bras d'un homme que j'aime me calmait, et faire l'amour aussi, mais ce qui m'a surprise, c'est que même écrire ou écouter, ou être dans une ambiance propice à parler de sexualité me procurait également du bien-être. Alors j'étais impatiente de revenir ! Et du coup, l'impatience a fait remonter mon taux de tics.

— Tu n'as pas écrit entre deux ? demande Brigitte.

— Si, un peu, mais je n'ai pas osé me lâcher. C'est comme si, en dehors d'ici, je n'avais pas le droit.

— Qu'est-ce que je m'autorise…

— Oui, c'est ça.

— Et du coup, qu'est-ce que tu t'autorises ?

— Eh bien, pas grand-chose à ce niveau là en tout cas. C'est plutôt qu'est-ce que je ne m'autorise pas, qu'est-ce que je m'empêche...

— Alors qu'est-ce que tu t'empêches ?

— Je m'empêche de me lâcher, d'écrire des choses un peu scabreuses, qui pourraient peut-être choquer.

— Ça choquerait qui ?

— Des personnes qui pourraient lire…

— Quelles personnes ?

— Des personnes de mon entourage…

— Tu penses à quelqu'un ?

— Oui, mes parents, mon compagnon, la voisine qui passe prendre le thé, ma sœur, mon chat ! Tout le monde finalement!

— Mais pas ici.

— Non, pas ici. Ici j'ai envie d'expérimenter, de m'éclater !

— Eh bien, c'est ce qu'on va faire.

— Je pense comme Cléa, intervient Claudia, ce n'est pas si facile ailleurs. La société est tellement pleine de tabous, de croyances malsaines vis-à-vis de la sexualité. On pense tout de suite pornographie.

— Tu as raison, dis Brigitte, mais ici il ne s'agit pas de cela. Vous pouvez aller très loin, même dans la pornographie, pourquoi pas, à condition que cela ne soit ni dégradant, ni avilissant et que l'intégrité des personnes soit respectée. Je pense, en effet, qu'il y a beaucoup d'hypocrisie dans nos sociétés. Tout regorge de sexe et dès qu'on en parle cela crée de la gêne. En fait, je crois que la plupart des gens aimeraient être libres avec ça, mais qu'ils n'osent pas par peur du *qu'en dira-t-on* et aussi parce qu'on a une image salissante de la sexualité et du sexe due à notre histoire, notre culture. Il y a de très bons livres à propos de l'histoire de la sexualité et je pense que tout le monde devrait les lire, ça permettrait de relativiser et de remettre les pendules à l'heure. Et aux femmes de ne plus avoir honte et de sortir de leurs frustrations. Ce qui aideraient aussi les hommes un peu perdus à ce sujet. Depuis longtemps, les tabous créent des frustrations, lesquelles font le lit de la pornographie et des abus sexuels d'un côté, et de maladies de l'autre côté. Oui, de maladies, de troubles du métabolisme, de problèmes de santé en tout genre, de problèmes physiques et psychiques, de dépressions. Rien de pire que la frustration, de quelque ordre qu'elle soit. Elle mène au chaos intérieur. Et la frustration sur les plans affectif et sexuel, sur le plan de la sexualité donc, sont dévastateurs. Mais personne n'ose en parler ! On trouve toujours autre chose, d'autres prétextes ! Je ne dis pas que tout vient de là… mais si !

— Tu vas loin !

— Tant mieux, j'assume ! Je constate. C'est mon métier. Je vois les dégâts que cela peut causer. Nous sommes un tout. La sexualité fait partie intégrante de notre condition humaine. Et jouer aussi. Alors jouer à la sexualité me semble être devenu vital. Et il y a plein de manières de jouer, tant que les protagonistes sont tous consentants. Et ici, c'est une manière de jouer. Et vous êtes tous consentants puisque vous êtes là. Sinon, il est encore temps de partir...

— Qu'est-ce que ça me parle tout ce que vous dites ! s'exclame Roselyne qui a refait surface au fur et à mesure des propos de Cléa et Brigitte. Et jouer à la sexualité, j'adore le concept, c'est exactement ça !

— Alors c'est parfait. On va faire un nouveau jeu. La dernière fois, je vous ai donné une liste d'une vingtaine de mots qui n'avaient, apparemment, rien à voir avec le sexe, vous vous souvenez ? Et pourtant, vous avez quand même écrit des choses assez olé olé à partir de ces mots. Alors là, on va faire le contraire. Je vais vous donner une liste de verbes très évocateurs. Vous n'en choisirez qu'un seul. Vous pourrez le conjuguer comme il vous plaira et le réutiliser à votre guise. Et vous pouvez les noter cette fois-ci.

— On a combien de temps ?

— On va dire vingt minutes ?

— OK, ça laisse un peu le temps de réfléchir.

— Comme tu veux et justement, pensez à ce que je vous ai dit la dernière fois, à observer comment vous vous y prenez, ce qu'il se passe en vous, vos pensées, vos émotions, vos comportements...

— Oh là, mais on ne va plus jouer alors...

— Mais si, vous allez aussi jouer à être connectés à vous, à faire l'expérience de vous observer en même temps que vous allez créer. Allez, on arrête de réfléchir, on vit le truc. Expérience ! C'est parti ! J'énonce les verbes : Lécher...

Elle marque un léger temps d'arrêt entre chaque mot pour que chacun puisse noter.

— Caresser..., embrasser..., enlacer..., pénétrer..., mouiller..., sucer...

Des petits gloussements se font entendre, le petit groupe a du mal à retenir des rires. Nicolas s'amuse à faire répéter des mots pour le plaisir de taquiner et de les entendre plusieurs fois. Brigitte n'est pas dupe et se prête à la farce. On est là pour s'amuser et elle n'est pas la dernière, mimant un professeur de français un peu austère et pincé. Elle continue :

— Enjamber..., gémir..., tirer..., écarter..., glisser..., masser..., mordiller..., avaler. Il pourrait y en avoir plein d'autres, mais je pense que cela suffit.

— Le dernier c'est quoi ?

— Avaler.

— La vache, c'est du délire... !

— Tsss tsss, vous avez vingt minutes.

La température de la pièce est montée de trois degrés en un rien de temps. Cléa, qui a vite chaud enlève son pull et se retrouve en débardeur, ce qui a pour effet d'augmenter encore un peu la température, tant sa gestuelle, sensuelle et son joli buste de sirène se prêtent à la situation.

— Tu le fais exprès ? demande Nicolas.

— Devine… lui répond-elle, version femme fatale.

-7-
Souffrances égotiques

La partie est un peu plus difficile cette fois-ci. Autant la fois d'avant il était permis de délirer, autant cette fois-ci, les mots étant si évocateurs, chacun a un peu de mal à se lancer. Pudeur ? Peur de se dévoiler ? Peur de plonger dans des textes trop scabreux? Honte ? Nous y voilà. Brigitte est une coquine. Par cet exercice, elle les met en face de leurs tabous, de leurs auto-censures. On entre enfin dans le vif du sujet.

Au bout de quelques minutes, les stylos s'activent sur les feuilles blanches. Nicolas s'enroule sur lui-même, comme s'il ne voulait pas que ses voisines le copient ou puissent jeter un œil sur ce qu'il écrit. Cléa se tortille, luttant contre quelques besoins de tiquer, puis se calme lorsqu'elle semble avoir trouvé l'inspiration. Elle écrit d'une traite et semble s'amuser et se délecter. Claudia tournicote son bic dans ses cheveux, puis démarre nonchalamment, mais sûrement. Estelle sourit… et écrit, écrit, écrit. Il ne manque que Roselyne. Elle n'y est pas. N'y arrive pas. Pourtant, elle en a envie, mais rien ne vient. Elle est envahie par ses pensées et ne parvient pas à se laisser aller et se divertir dans l'écriture.

A l'extinction des vingt minutes, au moment de s'exprimer, elle éclate en sanglots, sans prévenir. Personne n'a rien vu venir. Elle s'excuse de plomber l'ambiance, ce à quoi tout le monde répond que non, ce n'est pas grave, et que si elle a quelque chose à dire, il n'y a pas de problème, que tout le monde est là pour l'écouter. Brigitte intervient en expliquant qu'elle peut la voir à la fin de la séance si elle le souhaite. Mais soudain, le regard de Roselyne croise celui d'Estelle. Celle-ci la regarde en souriant, un sourire bienfaisant, accompagnant, chaleureux, et compatissant en même temps. Un sourire, un regard et un léger hochement de tête qui indique qu'en effet, elle peut se confier en toute confiance. Roselyne se lâche et explique ce qu'elle vit en ce moment avec cet homme qui n'est pas présent et qui pourtant hante son esprit. Se faisant, elle ne regarde que la jolie vieille dame, comme si elle avait fait abstraction des autres. Elle finit par raconter sans pudeur tout ce qu'elle a pu expliquer à Claudia. En plus rapide. Estelle et Brigitte comprennent vite ce que vit la jeune quadra. Brigitte prend la parole :

— Si je peux me permettre, Roselyne, il me semble que tu es en pleine dépendance affective. Ce n'est pas vraiment de l'amour en fait.

Estelle, hoche la tête en signe de confirmation.

— Ah bon ? Tu crois ?

— En tout cas, tu en présentes les symptômes.

— Et je fais quoi avec ça ? Parce que ça fait plus d'un mois que je pleure toutes les nuits, que je n'arrive plus à rien. J'ai l'impression que je vais mourir…

— Je sais ce que c'est, répond Estelle. J'ai vécu cela et accompagné des centaines de personnes, hommes et femmes, dans cette souffrance. Je pense que cela fait partie des choses de la vie. J'ai d'ailleurs élaboré un procédé pour travailler sur la dépendance affective et autres stress de la vie. Je l'ai appelé ADAHE.

— C'est intéressant, dit Brigitte, sincèrement curieuse.

Celle-ci sent que son atelier est sur le point de prendre un nouveau tournant, mais elle ne s'en offusque pas. Ce n'est plus une novice qui lutte pour son territoire et même, elle se réjouit, car elle perçoit chez Estelle une expérience qui peut apporter beaucoup à tous. Elle a soudain l'intuition que ce groupe va évoluer au-delà de ses espérances. Comme elle le disait en préambule de ce deuxième atelier, les maladies, les souffrances que l'on endure sont souvent liées à la sexualité et ce que vit Roselyne n'est pas du tout hors sujet. Bien au contraire.

— Ça veut dire quoi, adahé? demande Claudia, très intéressée et décidément très intriguée par Estelle.

— C'est l'acronyme de « Aide au Discernement pour l'Ajustement et l'Harmonisation de l'Ego ».

— Et ça consiste en quoi ? continue la décoratrice.

— À comprendre et harmoniser le stress émotionnel et relationnel. Cela consiste à être à l'écoute de soi, de ses sensations, de ses pensées, sentiments et de faire un travail pour cerner les peurs, croyances, besoins, désirs, habitudes, schémas de pensée, et autres fonctionnements physiques, comportementaux, cognitifs, pour finalement discerner ce qui fait réellement souffrir et ensuite se libérer de la cause de cette souffrance par une technique énergétique. *A priori,* rien de bien original, cela existe sous de multiples formes. Et justement, j'ai étudié ces multiples formes pour en extraire l'essence et créer un procédé simplifié. Pour ma part j'utilise des techniques issues du Reiki et de la sophrologie, que j'ai adaptées pour ce travail.

— Ah, parce ce que tu as fait de la sophrologie ? demande Cléa.

— Oui. J'étais sophrologue. Et aussi enseignante en Reiki. Mais je le suis toujours ! Je le serai jusqu'à mon dernier souffle ! C'est dans ma chair et mon âme…

— Et tu penses que tu peux m'aider avec ton ADAHE ? demande Roselyne. Parce que je n'ai jamais fait de sophrologie et encore moins du Reiki.

— Pour la technique de Reiki, il est nécessaire d'avoir suivi des formations et d'avoir les deux premiers degrés. Pour la technique issue de la sophrologie, pas de problème, c'est utilisable par tous, sans prérequis, sans même connaître la méthode. Ce qui n'empêche pas de s'y intéresser sérieusement ensuite. Bien au contraire ! Car ce que je propose est un travail de libération, mais aussi une invitation à travailler sur le fond par la suite. Mais là, on est dans l'urgence. Je te propose un concept, un procédé pour t'aider à te libérer de tes souffrances égotiques, tranquillement, progressivement. Ce n'est pas rien. Mais encore une fois, je conseille parallèlement un investissement sur le fond. Et c'est uniquement si tu le désires. Parce que c'est un sacré chemin de remise en question. Et le discernement est primordial.

— C'est-à-dire ? demande Roselyne.

— Discerner, continue Estelle, c'est la base. Le problème est que l'on manque de discernement dans les situations qui nous stressent. Et dans beaucoup de situations en général. C'est pour cela qu'on ne s'en sort pas et que l'on répète les mêmes fonctionnements. Si l'on voyait clair dans la situation, la moitié du travail serait fait. Les sources de stress sont innombrables et parmi elles, il y a les relations humaines. Rien n'est plus difficile à gérer que le stress relationnel car toutes les émotions y passent. Et dans le cas d'une dépendance affective comme tu sembles la vivre, Roselyne, c'est une des versions maximales du stress relationnel. Mieux vaut ne pas laisser traîner.

— Ah, eh bien ça m'intéresse aussi alors, intervient Cléa, parce que moi, tout me stresse et côté émotions, c'est le feu d'artifice permanent. C'est une des raisons de mes tics. Par contre, je connais la sophro car j'en fais depuis un an. Ça m'aide pas mal car j'ai quand même bien diminué mon taux de tics en prenant plus conscience de mon corps et de mes réactions affectives.

— C'est formidable, lui répond Estelle. Certainement que ça pourrait aussi t'aider.

— Moi aussi ça m'intéresse ! finit par avouer Nicolas. Mais ça me fait un peu peur, tu as parlé de souffrances égotiques. Je ne comprends pas bien.

— Oui, je comprends que tu ne comprennes pas bien, répond Estelle. On parle souvent d'ego. Que ce n'est pas bien d'avoir de l'ego. Mais l'ego, c'est mon moi profond, je ne peux pas m'en libérer, j'en ai besoin pour exister, pour être en vie. Ce n'est pas lui le vrai problème. Par contre je peux me libérer de mes souffrances égotiques, comme je l'ai dit tout à l'heure. Explication : Quand on est tout petit, on est tout neuf, tout propre, innocent. On a un ego tout scintillant. Et en grandissant, on se heurte à des refus, des incompréhensions, des humiliations, des rejets, des mises à l'écart, des moqueries, des violences verbales ou physiques, de la culpabilité, de la honte, de la colère, du ressentiment, de la jalousie, du remord, des regrets, des frustrations, du dégoût et j'en passe. Tout cela nous blesse, nous fait souffrir. Plus on nous pompe l'air et plus on souffre et plus nos blessures égotiques prennent de place dans notre vie. Et du coup, notre ego suit le mouvement car il se débat pour exister au milieu de cet environnement indélicat ou carrément agressif. Plus nous avons de blessures, plus notre ego cherche à prendre sa place et plus il en prend, en effet, mais à contre-courant de ce qu'il était au départ. Du coup, de mon point de vue, avoir un ego surdimensionné, selon l'expression consacrée, c'est avoir beaucoup de souffrances, de blessures narcissiques, de souffrances égotiques. Ce sont celles-ci qui sont à prendre en compte en fait. L'ego est un faux problème et personne ne sait vraiment de quoi il s'agit quand on lui parle de son ego. Sauf que ça lui fait mal parce qu'il sent que ce n'est pas bien. Donc culpabilité. Et de nouveau blessure. Avoir un ego surdimensionné ce n'est pas forcément la ramener plus que les autres. Le timide qui n'ose pas, qui a peur, qui pense qu'on le regarde, qu'on va se moquer de lui a autant de souffrances non réglées et un ego aussi surdimensionné que celui qui la ramène ou qui se vante. Et les gens douloureux aussi car tout cela se traduit, se manifeste dans le corps, par le corps, d'une manière ou d'une autre. En bref, tout le monde a un ego surdimensionné si on va par-là ! Et d'où viennent ces blessures ? De tout plein de mots entendus, d'expressions du visage décelés chez les autres, de comportements, d'attitudes physiques, de traitements de notre entourage que nous interprétons comme malveillants. Et tout cela nous conduit à nous dévaloriser, à nous faire perdre notre confiance en nous-même, à nous dénigrer, nous sous-estimer, nous sentir mal aimé. Par réaction - car il faut bien, non pas vivre avec ça, mais survivre - nous allons enclencher toutes sortes de processus qui vont faire de nous des gens colériques, haineux, prétentieux, vaniteux, envahissants, égocentriques, possessifs, mais aussi effacés, timides, comme je le disais, peureux, anxieux, soumis et tout ce que vous voulez. Tous les traits de caractères peuvent s'y retrouver. Nous faisons suer notre monde extérieur lorsque nous n'avons pas réglé nos souffrances égotiques. Mais comme la plupart du temps c'est inconscient et que la personne elle-même n'a pas conscience qu'elle est en souffrance, tellement cela fait partie de ses fonctionnements, elle ne fait rien pour changer et dégage quelque chose qui peut être répulsif pour certaines personnes.

Et souvent, elles pensent que cela vient des autres. « Ce n'est pas moi qui ai un problème, c'est l'autre ! »

— Ah oui, c'est vrai, il y a des gens que je ne supporte pas. Et je ne saurai pas dire pourquoi, mais j'éprouve une vraie répulsion, confirme Nicolas.

— Alors à ce moment là, ce qui est intéressant, c'est ce que cela provoque chez toi comme réaction. Si cela t'énerve, ou te fait monter l'adrénaline, t'exaspère, t'angoisse, te rend amorphe, t'attriste, ou je ne sais quoi, bref, te fait sortir de ta justesse, de ta paix très provisoire, et t'occasionne un désordre ou une souffrance morale, émotionnelle, *et* que tu en as conscience, alors là, tu vas pouvoir agir. Quand je parle de souffrance, ce n'est pas forcément très fort. Sur une échelle de zéro à dix, elle peut se situer à quatre ou six. Mais cela suffit pour que cela te nuise, te cause un désordre. Tu sais que tu ne peux pas changer l'autre, par contre, tu peux faire un travail sur toi, sur ta conscience et surtout te libérer de ce qui te fait souffrir, t'énerve, te met en colère, déclenche cette perturbation dans ta belle écologie personnelle. *Grâce à l'autre,* tu vas finalement pouvoir entrer en relation avec toi. La souffrance empêche de se concentrer, d'être présent. On n'arrive plus à vivre le moment présent. C'est ce que vit Roselyne. Même si l'on pratique le yoga, la méditation sous quelque forme que ce soit, il en est ainsi, quand la souffrance est trop forte, le malaise trop prégnant, quand le mental est trop pris par l'obsession, il est difficile d'être là. Bien sûr, on peut se donner l'illusion que pendant quelques minutes, voire une ou deux heures, on arrive à laisser de côté nos pensées envahissantes, les accueillir et se faire croire que l'on maîtrise la situation, que l'on gère. Mais ça revient. Et on se demande pourquoi on fait tout ça, la méditation, le yoga, la sophro, et toutes ces méthodes. Si le désordre est trop important, il est nécessaire de s'en libérer, afin de reprendre le cours de sa vie dans une plus grande conscience, dans la vivance de chaque instant. C'est ce que je fais depuis plus de quarante ans.

— Tu ne dois plus avoir d'ego alors, lui dit Roselyne.

— Mais bien sûr que si ! Et encore des souffrances égotiques, des blessures narcissiques ! Et je l'assume, ne cherche pas à me faire passer pour une sainte ou pour la perfection incarnée. C'est d'ailleurs ce qui me rend libre ! C'est très enfermant de vouloir être parfait. Et très orgueilleux ! Qu'est-ce qui motive à vouloir être parfait ? Non, moi je travaille, ou plutôt, je m'occupe – c'est moins tyrannique peut-être à entendre - à souffrir de moins en moins de mes fonctionnements délétères. Je m'occupe à me libérer de mes blessures égotiques. Et à être de plus en plus empathique envers moi-même. Ma motivation, c'est être moi-même, en toute simplicité, c'est être libre.

— Pas être en paix ?

— Pff ! C'est impossible ! On peut vivre des périodes de grand apaisement, mais ça ne dure pas tout le temps. La vie est une respiration, ça va, ça vient, comme les vagues. J'ai déjà expérimenté la paix intérieure pendant plusieurs mois et à la fin, je commençais à m'ennuyer ! J'étais prête à mourir finalement. Alors que tout mettre en œuvre pour devenir de plus en plus libre me met en joie ! Me rend vivante ! Et m'apaise aussi par la même occasion. Donc tout se tient finalement. En tout cas, moi, je me sens bien dans cette philosophie. Surtout que lorsque je sens que quelque chose me touche, me secoue, je sais que je vais pouvoir travailler dessus, m'en occuper et encore me libérer. Et cette perspective me met en joie. Et ensuite, quand je me suis libérée, je ressens un grand apaisement qui peut durer longtemps. Et la joie.

Il règne pendant quelques instants un silence palpable. Le temps est comme suspendu. Et finalement, tous sont intéressés pour faire comme Estelle. Il faut dire qu'elle donne envie ! Elle rayonne de l'intérieur comme un bouton d'or. Elle illumine le petit salon de sa liberté. Tout le monde veut faire ADAHE tout de suite !

— C'est très aimable à vous, mais ici on n'est pas là pour ça ! réajuste Estelle. Je disais juste ça en aparté. Mais si cela vous intéresse tant, on peut faire un autre atelier spécial ADAHE. Ou alors… si Brigitte le permet, je peux intervenir à la fin, ou au cours de cet atelier-ci, au fur et à mesure de ce qui se dira et des besoins de chacun.

Brigitte réfléchit. Son intuition était juste, son atelier prend vraiment une nouvelle tournure. Et l'expérience la tente aussi. Et elle mesure la générosité de la proposition, *mine de rien*. Thérapeute elle-même, curieuse et ayant déjà bien travaillé sur elle, du moins de son point de vue, elle dit simplement :

— Oui, je suis d'accord Estelle. Ce sera un atelier d'un nouveau genre…

— Alors c'est parfait. Merci pour ton ouverture d'esprit Brigitte. Loin de moi l'idée de marcher sur tes plates-bandes.

— Pas du tout ! répond Brigitte. J'accueille et je sens si ça sonne juste. Et là, ça sonne vraiment à l'unisson. Et je suis ravie de ta proposition, sincèrement.

Les deux femmes se regardent avec beaucoup de chaleur et d'amitié. Estelle reconnaît la grande intelligence de la sexologue et le lui manifeste dans un hochement de tête appuyé.

— Bon, on fait quoi maintenant ? demande la « retraitée », toute pétillante.

La question réveille tout le monde. Ils avaient presque oublié où ils étaient et ce qu'ils faisaient là.

— Je propose que vous lisiez vos textes, dit simplement Brigitte qui reprend les rênes de l'atelier.

— Alors là, je ne me vois pas lire le texte que j'ai écrit, confie Cléa.

— Moi ça me gêne aussi, même si je savais que ça allait se faire, ajoute Nicolas. On est obligé?

— Vous n'êtes obligés à rien. C'est juste une proposition, une expérience. Mais peut-être que l'on peut essayer autre chose. Peut-être qu'une personne peut lire le texte de quelqu'un d'autre ?

Les participants se consultent du regard, écarquillent les yeux, avalent leurs lèvres et finalement, semblent d'accord avec la proposition.

— Alors voilà ce que je propose. Vous allez me donner vos textes et je vais les redistribuer au hasard. Si vous tombez sur votre texte, ce n'est pas grave, vous ne dites rien, vous ne laissez rien paraître. Ainsi, personne ne saura qui a le texte de qui, à part la personne qui sera lue, évidemment. Ça vous va ?

Après un petit temps de réflexion le temps de comprendre le jeu, acquiescement général.

— Oui, mais moi je n'ai rien écrit...chuchote Roselyne, un peu honteuse de ce qui vient de se passer car elle a le sentiment d'avoir monopolisé l'attention et d'être inapte à la création.

— Et si c'était toi qui lisait les textes ? propose Nicolas.

-8-
La glace

Roselyne s'est ressaisie. Les paroles d'Estelle lui ont finalement fait beaucoup de bien. Elle est d'accord pour se prêter au jeu de lire les textes des autres selon la proposition de Nicolas. Elle parcourt rapidement le premier pour voir de quoi il retourne, puis lève les yeux avec un sourire goguenard pour commencer, suivi d'une certaine gêne. Finalement, elle entame la lecture à voix haute :

— « La jeune femme est assise en face de son amoureux. Affairé à son ordinateur, il ne la remarque pas. Elle le regarde, affalée sur la table qui les sépare. Elle prend des mines, joue les Lolita avec ses longs cheveux ondulés, se lèche les lèvres, mais il ne bronche pas, concentré sur un travail de première importance. Elle s'éloigne alors, va regarder le ciel à travers la fenêtre du salon, puis se dirige vers la kitchenette. Après quelques minutes, elle revient s'asseoir en face de lui, un cornet de glace à la main. Il est toujours devant son ordinateur, la chemise entrouverte à cause de la chaleur. Il lui jette un coup d'œil amusé par dessus son écran. Elle se met à lécher la crème glacée, à lécher le sommet en pointe et à contourner le cornet avec application, avec une langue bien souple. Elle le regarde travailler d'un air innocent, très occupée à satisfaire sa gourmandise avec volupté. Sa langue se fait plus insistante, pour aller un peu plus vite et elle prend la boule de glace en entier dans sa bouche pour mieux la lécher en tournant autour. Elle s'y reprend à plusieurs fois jusqu'à ce qu'elle soit réduite à un petit dôme, qu'elle lèche par petites lampées en s'appliquant à ne lécher que la pointe avec le bout de sa langue. Elle l'entend se racler la gorge, elle sent qu'il a un peu plus de mal à se concentrer. Elle continue d'enfoncer sa langue dans le cornet, d'en lécher les pourtours et, ce faisant, elle lui tâte la jambe avec son pied, le remontant petit à petit jusqu'à son entrecuisses. Elle croque le cornet, il n'en reste qu'un tronçon et elle le lèche en y faisant tournicoter le bout de son joli appendice buccal. Son pied se fait un peu plus pressant sur la région sexuelle qui devient plus volumineuse sous la pression. Il repousse un peu sa tête en arrière en soupirant, mais il se ressaisit vite et se remet à tapoter sur le clavier. Elle a terminé sa glace, c'était juste une mise en bouche. »

— Eh bien dis-donc, c'est pour le moins alléchant ! commente immédiatement Nicolas. C'est de qui ?

Cinq paires d'yeux parcourent la petite assistance.

— Vous n'êtes pas obligés de le dire, rassure Brigitte. On avait dit que ça resterait anonyme.

— C'est de moi ! s'exclame Cléa, soudain secouée par des tics au niveau des épaules et quelques manifestations bruyantes par le nez.

— Comment t'es-tu sentie pendant l'exercice ? lui demande l'animatrice.

— En fait, j'ai eu une grande gêne quand tu as annoncé les verbes et mon esprit s'est vite fixé sur le verbe lécher, comme vous avez pu le constater. J'avais des images très sexuelles qui me venaient à l'esprit, mais je me suis empêchée de les avoir et je me suis mise sur le mode « sophro » et j'ai laissé venir autre chose. Alors la scène que j'ai écrite s'est présentée à moi et ça a été plus facile de l'écrire.

— Oh là là, mais tu es une vraie psychopathe ! lui lance Nicolas, en plaisantant.

Cléa le tape avec une feuille de papier, en mimant la fureur.

— On a dit pas de jugement, Nicolas, recadre Brigitte.

— Oui, je sais, c'est pour rire. Je ne suis pas mieux !

— C'est un jugement !

— Punaise ! Qu'est-ce que je peux dire ?

— Rien. Pas de commentaire. As-tu envie d'ajouter quelque-chose Cléa ?

— Oui, j'ai adoré faire ça.

— Me taper ? demande Nicolas.

— Ouiiiii ! Aussi ! C'est vrai j'adore écrire ce genre de choses. C'est très libérateur, je me sens bien, détendue. Je voudrais aller encore plus loin. En tout cas, ça m'a beaucoup plus inspiré que les crapauds et les torchons…

— Comment t'es-tu sentie physiquement en l'écrivant ? demande Brigitte.

— Très concentrée, comme si j'y étais. Et… j'ai un peu honte de le dire… j'avais pas mal de sensations dans le bas du ventre.

— C'est-à-dire ?

— Eh bien… c'était jouissif, quoi !

Des sourires à la fois gênés et compréhensifs se dessinent sur les lèvres.

— En fait, reprend Cléa, je découvre un mode d'expression très agréable. Même si ce n'est pas de la grande littérature érotique, je découvre que j'aime et que je peux écrire des choses sensuelles. Il n'y a rien de mal à ça !

— Ce n'est pas « mal » pour toi ?

— Non ! Mais j'ai quand même un peu honte. C'est bizarre comme mélange…

— Honte de quoi ?

— D'écrire des choses comme ça…

— Comme ça ?

— Oui… sensuelles, coquines…

— C'est honteux d'écrire de telles choses, sensuelles, coquines…? continue Brigitte.

— Eh bien… ça ne se fait pas…

— Cela ne se fait pas…

— Ben oui, c'est vrai, intervient Claudia. On n'a pas l'habitude d'écrire ainsi et de s'afficher !

— Oui, ce n'est pas pareil que d'écrire une histoire toute simple, ajoute Nicolas.

— Une histoire toute simple ? questionne Brigitte.

— Oui, enfin… une histoire sans sexualité.

— Tu veux dire sans sexe ?

— Oui, voilà !

— C'est ce que tu voulais dire Cléa ?
— Oui, c'est ça.
— Et qu'est ce que ça change que l'on y mette du sexe ?
— Eh bien c'est tabou. Ça a tout de suite une connotation malsaine. En fait j'ai l'impression que je fais quelque chose d'interdit.
— Et là, tu braves l'interdit.
— Oui.
— C'est ça qui te fait honte ?
— Oui… et non. Il y a autre chose. En fait c'est la connotation malsaine, sale. Comme si le sexe était malsain et sale.
— C'est ce que tu penses ?
— Non, mais c'est ce qu'on nous fait croire. Quand j'ai écrit ce texte, j'étais bien, j'étais en joie, j'avais du plaisir et je me sentais super bien. Aucun tic. C'est un signe pour moi. Mais si je pense à la société, aux gens qui pourraient me voir ou savoir ce que je fais ou j'écris, ça me fout des tics parce que je me sens en porte-à-faux tout d'un coup.
— C'est-à-dire ?
— Je ne sais pas.

Elle cherche en elle-même ce qu'elle entend par cette expression. Un long silence. Certains ont envie d'intervenir mais Brigitte leur fait signe de se taire, de respecter ce silence. Et puis Cléa reprend la parole :

— En fait, je me sens mal parce que pour moi il n'y a rien de mal, c'est naturel, on est fait aussi de ça et on en a besoin, et je ressens toute l'hypocrisie ambiante. Tout ce que l'on nous fait croire sur le sexe, toutes les peurs que l'on nous a inculquées. Bien sûr, il y a des risques, bien sûr il y a des dérives, mais ce n'est pas que ça. On ne nous montre que cela. Les grossesses non souhaitées, les viols, les MST, et cela existe et il ne faut pas se voiler la face, mais le sexe, ce n'est pas que ça !

— En effet. Si l'on se plonge dans l'histoire de la sexualité, reprend Brigitte, on se rend compte que la femme et le sexe étaient considérés comme divins au tout début. La femme enfantait et elle était auréolée d'un pouvoir que les hommes n'avaient pas. Et puis il y avait cette capacité à jouir longtemps, à avoir plusieurs orgasmes à la suite, ce qui la rendait encore plus incroyable. Ensuite, les hommes ont découvert que la procréation ne pouvait se faire sans le sperme. Alors tout a basculé pour elle. De divine elle est passée à simple réceptacle. Bonne à être pénétrée pour procréer. Et si possible, sans jouir parce que cela rendait les hommes trop jaloux. Bref, ils ont pris la grosse tête et ont tout fait pour réduire la femme aux tâches ménagères et à la cantonner au foyer. Pendant qu'eux se satisfaisaient avec des prostituées, des maîtresses qui elles, étaient là pour le sexe et uniquement le sexe, surtout pas d'amour. Sans compter les jeune éphèbes à qui l'on faisait l'éducation sur tous les sujets, y compris la sexualité. Il y eut un moment dans l'histoire où les hommes vivaient très bien entre eux, à l'époque grecque et romaine, si vous voyez ce que je veux dire. Dans les pays orientaux par contre, la sexualité était vécue tout autrement et on aurait beaucoup à apprendre en se replongeant dans leur histoire. La femme y avait toute sa place. Elle y était honorée. Et l'érotisme également. Bon, tout ça pour dire qu'à cause de leur vanité, les hommes ont tout fait pour prendre et garder le pouvoir sur le sexe. La femme a alors intégré, au fil des générations qu'elle n'était rien, qu'elle devait soumission à son mari, ne pas avoir de plaisir et être toujours contente quand même et surtout se sacrifier et accomplir son devoir conjugal. Sans compter les activités comme la masturbation et autres réjouissances. Tout ce qui pouvait donner du plaisir était banni, puni, surveillé. Cela a duré des siècles. C'est la peur qui a détruit notre belle humanité si riche de promesses, la peur ainsi que la vanité et l'orgueil. Et je rejoins totalement le discours d'Estelle lorsqu'elle parle des souffrances de l'ego. On est en plein dedans avec la sexualité et aussi la peur qu'elle inspire et toutes les pensées malsaines qui tournent autour de ce sujet tabou. Mais pourquoi est-il tabou ? Pour tout ça. Maintenant, les femmes reprennent leur pouvoir, leur joli pouvoir de jouir, de se faire plaisir, sans honte. Depuis mai soixante-huit, les choses ont bougé. Des femmes illustres et aussi des hommes ont fait bouger les lignes. Et la pilule aussi ! Mais le chemin est encore très long. Et la liberté, l'harmonie véritables ne passeront que par une sexualité épanouie et assumée. Ce qui fait le plus mal, c'est la frustration. Comme je suis en accord avec toi, Estelle ! La frustration conduit au rétrécissement de l'esprit, à la colère, à la rancœur, à la résignation, à la jalousie, à la méchanceté, à la haine, à la violence. C'est ce que je constate tous les jours dans mon cabinet. Voilà donc, peut-être, d'où vient ta honte, Cléa, et la vôtre aussi. Et si les femmes, et aussi les hommes reprennent le chemin de l'harmonie par une sexualité dans la communication, le respect, le jeu, la sensualité, l'érotisme, la joie, alors le monde tournera certainement beaucoup mieux. Car lorsque l'on est dans ce climat là, dans cette énergie, on a un tout autre regard sur le monde, sur la vie, et comme tu l'as dit la dernière fois, Cléa, cela peut, en effet, mener à l'amour inconditionnel. En se réconciliant avec la sexualité, avec *sa* sexualité, on se réconcilie petit à petit avec les parties sombres de soi-même. Celles que l'on ne veut pas voir, que l'on ne veut pas s'avouer, que l'on ne veut pas montrer, mais qui émanent quand même de nous, malgré tout. Parce que ça ressort à chaque moment de souffrance, même mineure. C'est là. Et je suppose que toi aussi, Estelle, tu as constaté cela au cours de ta longue carrière.

— Oh que oui !

Les deux femmes se regardent avec beaucoup de douceur et d'humanité. Estelle reste dans le silence, mais son visage paisible sourit de satisfaction.

Brigitte marque un temps d'arrêt et considère son auditoire, à l'affût des réactions, des questions, des remarques. Roselyne prend la parole.

— On est tous des mal-baisés alors ?

Claudia éclate de rire devant le naturel de son amie.

-9-
Sagesse

— Est-ce que je peux ajouter quelque chose ? demande Estelle.

— Oui, avec plaisir, lui répond la sexologue.

— Tu n'as pas abordé la notion de péché.

— Ah, mais oui bien sûr, le péché ! Mais, tu vas le faire, n'est-ce pas ? ajoute Brigitte avec malice.

— Cela ne te dérange pas ?

— Bien au contraire…

— Voyez-vous, explique alors Estelle, j'ai été élevée dans une famille très attachée à la religion et très pratiquante, où l'on ne parlait jamais de ces choses là. Tout ce qui touchait au sexe était considéré comme sale. Pas bien. Péché mortel. Dieu nous regardait. Vous parlez d'une frousse ! L'idée seule de Dieu me regardant avec ses sourcils froncés et sentencieux me culpabilisait avant d'avoir commencé quoi que ce soit. Et avec la culpabilité, la peur et la honte. Bref, tout le contraire de l'amour. Alors cela me posait question car, en parallèle, on nous disait que Dieu était Amour. Et dans les évangiles, je ne voyais aucun texte qui condamnait, ou même parlait du sexe, mis à part l'histoire avec la prostituée, laquelle fut d'ailleurs défendue par Jésus. Et dans la Bible, on y parle énormément de sexe. Le *Cantique des Cantiques* est certainement un des poèmes les plus torrides qui existe. Donc, comme toi Cléa, je me sentais mal avec tout cela et j'ai toujours été une fille bien sage, comme on dit. J'ai d'ailleurs revu cette notion de sagesse par la suite car pour moi, la sagesse ce n'est pas rester bien mignon à ne pas faire de vagues ni de bêtises et rester discret. Puis, à l'âge adulte, j'ai compris que le plus grand péché était de ne pas tout faire pour être heureux. Car je pense sincèrement que nous sommes nés pour être heureux et tout mettre en œuvre pour cela. À chaque fois que l'on est dans la peur, que l'on se culpabilise, que l'on est dans la jalousie, dans l'orgueil, que l'on s'éloigne de ce qui est bon pour nous, que l'on s'autosabote, que l'on n'écoute pas notre petite voix intérieure qui nous dit ce qui est juste pour nous, que l'on se ment à soi-même, que l'on n'est pas honnête avec soi-même, et je pourrais ajouter toutes sortes de comportements qui nous éloignent de la possibilité d'être heureux, nous sommes dans le « péché ». Enfin, de mon point de vue. Et voyez-vous, ma plus grande honte au seuil de ma mort, serait de me rendre compte que je n'ai pas tout mis en œuvre pour être heureuse. Que je ne me serais pas respectée, que je n'aurais pas respecté la vie en moi, que je n'aurais pas été *sage*. Et donc, la sexualité faisant partie intégrante de tout être vivant, et, en tant que femme, ayant envie de me sentir vivante et heureuse, j'ai reconsidéré la question en m'autorisant à me donner du plaisir, à vivre une sexualité épanouie, à aimer mon sexe, à m'aimer avec et ne plus en avoir honte. Depuis, je suis entière. Je ne sépare plus mon esprit de mon corps et de mon sexe. Je suis totalement réunifiée. Je vis pleinement. Et je n'ai pas l'impression que cela nuise à qui que ce soit...

Le petit groupe applaudit spontanément. Tous sont ravis. Estelle est l'incarnation même du bonheur et de la joie de vivre. Toute en sagesse...

Il souffle un grand vent de liberté dans le petit salon de Brigitte. Du coup, la lecture des différents écrits se poursuit avec beaucoup plus de légèreté, chacun se délectant d'avance de ce qui va être découvert. Roselyne demande si, finalement, elle continue la lecture pour les autres ou si chacun a envie de lire son texte. Ses compagnons de jeu trouvent d'un commun accord qu'elle lit très bien. Elle s'apprête donc à poursuivre. Mais Nicolas s'adresse soudainement à Estelle :

— Mais tu as dit que tu n'avais jamais osé écrire des textes sensuels, s'étonne Nicolas.

— Oui, c'est vrai, curieusement, c'est un pas que je n'avais jamais franchi et pourtant, qu'est-ce que c'est sympa ! Comme quoi, on n'a jamais terminé d'apprendre et de faire des expériences.

— Pourtant tu as dû avoir des amoureux, tu leur as écrit ?

— Oui, mais cela restait très commun, certes avec des envolées lyriques sur notre amour, mais cela n'allait jamais plus loin. C'est curieux d'ailleurs quand j'y pense...

— Bon, j'y vais ? demande Roselyne.

— Oui, c'est bon, répond Nicolas.

— « Assis sur le canapé en velours du petit salon, Frédéric attend que sa petite amie revienne de ses cours. Il a passé une longue journée à caresser dans le sens du poil ses clientes à la boutique de prêt-à-porter où il travaille depuis quelques mois. Caresser, il sait faire. En fait il adore ça, dans tous les sens du terme. La petite chatte est enroulée à côté de lui. Il la caresse doucement, de la tête à la queue. Le programme à la télé n'est pas très intéressant et tout en caressant la chatte, il fait le vide dans sa tête. C'est un moment très agréable. Caresser une chatte a ce pouvoir unique de vous faire tout oublier. C'est si doux, si soyeux. Il adore enfoncer les doigts dans son épaisse fourrure et caresser avec le plat de la main. Il s'allonge à côté d'elle, le visage près de son ventre et la caresse avec ses joues. C'est chaud, c'est doux, c'est tendre. Elle ronronne. Elle aussi aime ça. Elle étend ses pattes avant, l'une après l'autre, cherchant peut-être aussi à le caresser à sa manière. Elle lui enfonce ses coussinets dans les arcades sourcilières. Il aime ça.

A ce moment, il entend la porte s'ouvrir. C'est sa douce amie qui rentre. Il se redresse et lui tend les bras. Elle vient alors se blottir contre lui. Il lui caresse les joues, la tête, elle lui caresse les cheveux. Puis ils se caressent le corps, elle enlève sa veste et se laisse caresser sous sa chemise. Sa peau est chaude et douce, et ses mains à lui sont délicates et fermes à la fois. On dirait qu'elles ont été faites pour caresser. Elles parcourent le corps de la jeune femme qui s'étend sur le divan, fatiguée de ses heures d'études. La petite chatte s'en va, ces deux là prennent trop de place. Une autre chatte est caressée... ». Voilà !

— Trop sympa ! s'exclame Nicolas. C'est de qui ?

— De moi, répond Claudia. J'adore les caresses...

— Comme moi, je me suis un peu retrouvé dans ta petite histoire. Sauf pour la fin.

— La fin ? Tu veux dire avec le câlin entre elle et lui ?

— Oui. Avec ma femme, on est loin de ça, explique Nicolas dans un grand soupir.

— As-tu envie d'en parler ? demande Brigitte.

— Non, pas pour le moment, merci.

Ils échangent un sourire, lèvres rentrées, puis elle se tourne vers Claudia pour lui demander comment elle a vécu cette expérience cette fois-ci.

— J'ai été très gênée au départ, comme tout le monde apparemment. J'étais bloquée et après vos explications, je me rends compte que ce qui me bloquait par-dessus tout, c'était le regard de Dieu, comme tu l'as dit Estelle ! C'est dingue ! Ce fameux regard ... Dieu te voit, Dieu voit tout. Quelle horreur ! C'est sans doute ce qui m'a empêchée d'aller plus loin. Je suis restée très métaphorique. Mais déjà avec ça, je pensais que ce serait beaucoup et en écoutant Roselyne le lire, j'ai trouvé ça assez charmant finalement. Et sensuel. Mais quand même un peu gnangnan. J'aimerais aller plus loin dans l'intimité.

— C'est un début, commente Brigitte. Chacun son rythme. Et tous les genres, tous les styles sont possibles. On peut faire dans le métaphorique, dans la sensualité gnangnan, comme tu dis, dans l'érotisme désuet, platonique, ou torride, tout est possible. Ce qui compte, c'est surtout comment vous vivez l'expérience, ce qu'elle vous apprend de vous aussi.

— Eh bien, continue Claudia, j'en redemande, oui, moi aussi j'adore. J'ai envie de tout essayer, je me découvre. Même si j'adore le sexe, surtout le slow-sex, je sens l'émergence d'un lâcher prise, je ne sais pas quoi encore, mais ça grouille au niveau du plexus et du bas-ventre. Comme une rage, comme une envie de mordre qui remonte.

— Ça me rappelle le syndrome de Tourette, commente Cléa.

— Aïe !

— Une envie de mordre ? reprend Brigitte.

— Oui, comme si quelque chose avait envie de s'exprimer très fort. Une révolte, une colère que je retiendrais…. parce que ce n'est pas bien, ça ne se fait pas, c'est mal. Tout ce que vous avez dit tout à l'heure, je le sais plus ou moins, mais entre le savoir et passer à autre chose, à des actions concrètes, à mettre des choses en place dans ma vie, c'est une autre affaire. J'ai une aventure avec un homme en ce moment. Il me plaît énormément, je sens que nous sommes sur la même longueur d'onde côté sexuel, et pourtant il y a des choses que je n'ose pas lui demander, ni lui dire.

— Tu sais pourquoi ?

— Peur d'être ridicule, sans doute. Peur qu'il me rejette, qu'il me trouve barrée.

— Ah bon, c'est à ce point ? s'exclame Nicolas. Moi j'aimerais bien que ma femme me demande des trucs barrés ! Je n'attends que ça ! Et même juste qu'on fasse l'amour, ne serait-ce qu'une fois !

Tout le monde le regarde. Il est soudain le centre du monde et s'en trouve très gêné.

— Tu veux en parler ?

— Oh, c'est simple, bredouille Nicolas, depuis qu'on a eu notre fils, ma femme ne se prête plus du tout aux jeux de l'amour. Elle est tendre, mais ça s'arrête là.

— Ça dure depuis longtemps ?

— Notre fils a cinq ans.

— Et depuis cinq ans...

— On n'a pas fait l'amour.

— Je ne savais pas, lui dit Cléa.

— Moi non plus ajoute Claudia.

Personne ne savait. Tout le monde connaît Nicolas depuis plusieurs années et personne ne savait. Il avait gardé cela pour lui.

— C'est la première fois que je le dis, confesse-t-il à voix basse, la tête baissée. J'ai un peu honte de vous dire ça. Oui, c'est vraiment la honte.

Brigitte laisse Nicolas à ses sentiments puis demande à Claudia si elle a encore des choses à exprimer. Celle-ci fait signe que non, elle avait terminé. Et puis soudain, elle se ravise et dit clairement et dignement :

— En fait, si. J'ai envie de baiser tout le temps !

-10-
La honte

— Tu ne peux pas savoir comme ta réflexion me fait du bien, Claudia, avoue Nicolas. Parce que depuis cinq ans, c'est exactement l'état d'esprit dans lequel je suis.
— Cela se comprend parfaitement, Nicolas, répond la sexologue. Ta femme fait peut-être partie de celles qui ne trouvent d'intérêt au sexe que pour avoir des enfants. Et en-dehors de ça, c'est le calme plat.
— Oui, mais il y a quand même les câlins, confie-t-il. Il y a beaucoup de tendresse entre nous, et je l'aime, mais…
— Mais…
— Mais cela ne me suffit pas. Par moments, je me demande si je suis encore un homme.
— Excuse-moi de te demander ça, intervient Claudia, c'est très indiscret, mais… tu te masturbes ?
— Ben oui ! Heureusement que j'ai ça !
— Qu'est-ce que je n'aime pas ce mot, dit Cléa avec une moue de dégoût. C'est moche ! Alors que c'est naturel là aussi, non ?
— Oui, il n'y a aucune honte à cela, répond Brigitte, c'est naturel, les petits le font parce que ça leur fait du bien. C'est quelque chose qui fait du bien et qui est même nécessaire à

l'équilibre neuro-hormonal et psychique. Bon, quand cela devient addictif et que tu ne peux plus faire autre chose, ou si tu le fais en public, ça devient un problème, évidemment, mais sinon, c'est on ne peut plus sain. Dans le Littré, ils définissent la masturbation comme un « Genre de libertinage solitaire, nuisible à la santé ». Il a été prouvé depuis quelques années que c'est tout le contraire. C'est très bon pour la santé. Ça déstresse, ça donne du plaisir, ça aide à l'endormissement et ça libère des hormones du bien-être comme les endomorphines, la sérotonine, la dopamine et l'ocytocine. Mais les définitions sont écrites par qui ? Je vous le demande… bref, dans ton cas, Nicolas, c'est in-dis-pen-sable !

— Merci, je me sens tellement honteux depuis tout ce temps. Et je pensais que c'était de ma faute. Pourtant je suis très prévenant, câlin, tendre, et avant, elle aimait faire l'amour. Mais maintenant, c'est une cata. On a quand même réessayé, mais elle n'aime plus ça.

— Peut-être qu'elle a mal ?

— Je lui ai demandé, mais elle me dit que non, mais bon, elle n'y met aucun allant. Je sens bien qu'elle attend que ce soit fini. Du coup, on ne fait plus rien.

— Malheureusement ce n'est pas un cas unique, c'est le cas de beaucoup de femmes et de beaucoup plus de couples qu'on ne pense. Évidemment, ce n'est pas une chose que l'on affiche, personne ne peut soupçonner ce genre de fonctionnement dans un couple, surtout lorsqu'il affiche de la tendresse en public.

— Et de la complicité, ajoute Nicolas. Car mis à part ça, on est très complice.

— As-tu pensé à aller voir ailleurs, comme on dit ?

— Oui, mais je ne peux pas. Je ne peux pas lui faire ça.

— Et te faire ça, à toi, pour toi ?

— J'y ai pensé, évidemment, et j'y pense souvent, mais je me ferais honte. J'aurais l'impression de la trahir en plus de ne pas la satisfaire.

— Ne pas la satisfaire. Tu penses que ça vient de toi ?

Nicolas réfléchit.

— Je ne sais pas, je ne sais plus. Elle ne semble vraiment pas intéressée par le sexe. Juste les câlins et c'est tout. En fait elle est méga coincée. Le poids de son éducation, sans doute. Et c'est difficile de parler de ça dans un couple, mine de rien. On ne parle pas de ce qui nous plairait sexuellement, elle ne me dit rien et je n'ose pas non plus la questionner ou lui parler de mes envies. Et je sens que ça ne va pas aller en s'arrangeant. Elle se referme et si je la branche là-dessus, même avec beaucoup de tact, elle se braque. Donc ce n'est pas évident du tout. C'est un peu l'impasse. Mais j'en ai marre. Et à force de ne pas sentir de désir chez elle, je finis par ne plus la désirer non plus. Je me lasse.

Nicolas est tout confus. C'est un homme charmant, doux, en effet très attentionné et plein d'humour, jovial, généreux et toujours prêt à rendre service. Et là, il est malheureux, cela se sent. Il vient de dévoiler une partie de lui-même, de son intimité devant ses amies et il se sent vidé. Et étrangement soulagé de s'être ainsi mis à nu, d'avoir pu déposer cette culpabilité et cette honte. Maintenant, il grelotte un peu. Cléa le remarque, le prend dans ses bras et le frictionne énergiquement.

— Ça n'a l'air de rien, ajoute-t-il, mais je me sens même un peu honteux de venir ici. Et pourtant, j'en ai vachement besoin et envie ! J'adore et j'espère que ça va durer longtemps. C'est ma soupape.

Toutes les femmes lui sourient avec beaucoup de compassion.

— Moi, je te dis « respect ».

C'est Estelle qui vient de s'exprimer.

— Oui, respect, parce que c'est courageux de se confier ainsi sur sa vie intime. Et de parler de ses hontes. Ce n'est pas tout le monde qui le fait. Et exposer sa souffrance. Car tu souffres, n'est-ce pas ?

— Oui. Enfin, ça ne m'empêche pas de vivre… mais ça me mine quand même. Je ne sais plus comment m'y prendre et surtout, je suis… comment tu as dit, Brigitte ?

— Frustré ?

— Oui, très, méga frustré. Je ne veux pas me l'avouer, mais bon sang, je me retiens de ne pas aller sur un site de rencontre par moments, ou même sur les réseaux sociaux. Je ne sais pas si je vais tenir encore longtemps, c'est ça le problème. Mais je ne peux pas. Ce n'est pas correct.

— Pas moral ? continue la sexologue.

— Non, pas moral. Ce n'est pas l'idée que je me fais de moi.

— Cela ne correspondrait pas à l'image, l'idée que tu te fais de toi, ou de ce que tu penses représenter, ou quelque chose comme ça ?

— Oui, c'est tout à fait ça. Ça ne correspondrait pas à l'image que j'ai de moi. En fait, j'essaie d'être le plus parfait possible. C'est prétentieux et c'est aussi un piège, je m'en rends compte, mais c'est plus fort que moi. J'ai besoin d'avoir le sentiment que tout soit parfait dans mes attitudes, ce que je fais, ce que j'entreprends… et ça me gave !

— Ça te fatigue de vouloir être parfait ? demande Brigitte.

— Oui, absolument, j'en ai ras-le-bol !

— As-tu envie d'y voir un peu plus clair ? intervient Estelle, en demandant du regard l'autorisation à Brigitte, laquelle répond d'un hochement de tête.

— Oui… peut-être. Si tu veux.

— As-tu, *toi*, envie d'y voir plus clair ?

— Oui.

— Alors, si tu le souhaites Nicolas, et si Brigitte est d'accord, nous allons continuer avec ADAHE.

Brigitte acquiesce.

— Mais… ça marche comment ? demande Nico, un peu inquiet..

— Cela commence par un moment d'écoute de ce que tu vis, ce que tu éprouves, continue Estelle. Brigitte a déjà bien commencé et je vais continuer, un peu autrement. Brigitte, si j'ai bien compris, tu pratiques l'Écoute Centrée sur la Personne, selon Carl Rogers, c'est ça ?

— Oui ! Enfin, j'essaie. Tu connais ?

— Oui. C'est l'écoute centrée sur le vécu de la personne et non pas le pourquoi du comment. Une écoute non invasive, sans dirigisme, sans jugement ni interprétation, ni conseil, ni solution, mais dans le total respect de ce que vit la personne dans le moment présent. Cela demande un énorme travail sur soi-même pour ne pas interférer avec ses propres projections et être en capacité d'entrer dans l'univers mental de l'autre, tout en gardant ses distances, tout le contraire de l'éponge.

— Oui, c'est l'empathie. Tout l'inverse de l'éponge, comme tu dis, contrairement à ce que l'on croit.

— Cette écoute est d'une grande subtilité et demande des années d'expérience. C'est tout un art. C'est pour cela que je me permets d'apporter ADAHE ici. C'est parce que j'ai vu comment tu écoutais, Brigitte et que cela fait partie intégrante de ce procédé. C'est comme si cela coulait de source.

Brigitte éprouve une grande satisfaction aux propos d'Estelle, même si elle sait que son écoute est loin d'être parfaite. Elle se sent reconnue dans son travail et associée à l'aventure. Décidément, cet atelier prend vraiment une tournure inattendue et cela lui convient tout à fait. Elle adore les surprises.

— Ensuite, continue Estelle, je procède un peu différemment en discernant avec la personne ce qui pose problème, puis je propose une technique pour en libérer la cause, ce qui va permettre un ajustement et une harmonisation de l'ego. Et du coup, Brigitte, il est possible que je te demande si je peux prendre le relais au cours des ateliers, selon ce qu'il se dira.

— Oui, pas de problème. Cela m'intéresse aussi.

— Merci. Et toi, Nicolas, cela te convient-il ?

— Oui, oui, je ne sais pas où ça va me mener, mais bon je vous connais toutes les deux, c'est plus facile et je vous fais totalement confiance, sinon je ne serais pas ici !

— Bien alors on continue ?

— Oui.

— Tu dis que tu en as marre de vouloir être parfait, c'est ça ?

— Oui, ça me saoule.

— Qu'est-ce qui motive cette volonté de perfection, là, dans l'instant, tu penses à quoi ?

— Je me dis que si je ne suis pas parfait on ne va trouver aucun intérêt à ma personne.

Nicolas a les bras croisés et joue avec sa lèvre inférieure avec le pouce et l'index d'une de ses mains. Estelle le regarde. Elle a ce genre de regard qui fait exister l'autre. Alors il poursuit :

— Et puis aussi, j'ai l'impression que si je ne fais pas les choses à fond, si ce n'est pas impeccable, je n'ai pas donné le meilleur de moi-même. Et ça m'agace parce que j'ai horreur de la médiocrité…

— Ah, moi c'est pareil ! s'exclame Cléa, ça me fout des tics !

— Eh bien, moi, ça ne me fout pas des tics, mais ça me rend quand même très nerveux. Et rien que d'y penser, je sens des douleurs dans la nuque.

— C'est relié ? demande Estelle.

— Je ne sais pas, je viens de m'en rendre compte. Et en fait, c'est possible que ce soit lié.

— Peut-on dire que tu es exigeant ?

— Oui. Et envers moi-même aussi et surtout. En fait, je me rends compte que je suis mal quand une relation n'est pas parfaite. C'est-à-dire que je suis capable de ne pas dormir en repensant à une conversation et si je constate que j'ai pu dire un mot malheureux, ou maladroit, ou que j'ai pu déceler une moue ou une expression, une attitude chez l'autre personne qui pourrait me laisser penser qu'elle n'est pas très contente, ou que je l'ai blessée. Je vais y repenser toute la nuit.

— Et tu ressens quoi ?

— Je culpabilise. Je me dis qu'il faut que je reparle à cette personne et faire mieux.

— Et faire mieux?

— Oui.

— Faire mieux… quoi ?

Nicolas réfléchit.

Estelle ne dit rien, lui sourit et laisse faire.

— Faire mieux dans la relation.

— Tu veux avoir une meilleure relation, être meilleur dans la relation ?

— Oui, c'est ça, être meilleur, pour que l'autre ait une bonne opinion de moi.

Un grand silence s'installe dans le petit salon de Brigitte. En fait, tous se sentent plus ou moins concernés par cette dernière phrase de Nicolas, très honnête, très courageuse. Et les attitudes des unes et des autres, un peu en retrait tout à coup, comme si elles ne voulaient pas être de la partie, tout en étant observatrices du déroulement de la scène, soulignent à quel point cela les touche. Cléa ne peut pas mentir, elle est pleine de tics. Elle bouge frénétiquement les doigts des mains et se met à taper du pied brusquement, par petits coups très secs en émettant des bruits de gorge. Nicolas continue :

— En fait, j'ai besoin de l'approbation des autres, je n'aime pas faire du mal, je déteste les conflits et j'aime qu'on pense du bien de moi. Ou plutôt, l'idée que l'on pense du bien de moi. Déjà ça, ça me va.

— Bravo, belle démarche d'honnêteté et de discernement dans tes fonctionnements. Jusqu'où es-tu capable d'aller pour être approuvé, pour être aimé, pour ne pas décevoir ? continue la dame au regard clair.

Nicolas réfléchit. Tout le monde réfléchit. Cléa bout, elle a envie de répondre.

— Je peux dire ?

— Si tu veux, mais ce serait mieux de laisser Nicolas répondre. Mais comme je vois que tu bous et que je sais trop ce que tu peux ressentir, c'est d'accord, mais tu parles pour toi, tu ne parles pas à la place de Nicolas.

— Merci Estelle, je parle pour moi évidemment, mais peut-être que ça pourra interpeller Nico. Quand je suis comme ça, comme Nicolas, j'ai constaté que je vais jusqu'à me trahir moi-même, jusqu'à ne plus me respecter, ne plus être en accord avec mes valeurs, mes besoins. Et alors là, ça beugue à fond, je mets des heures, des jours, des semaines quelquefois pour me récupérer et retrouver un semblant d'équilibre.

Nicolas s'extirpe de ses pensées et remercie Cléa.

— Oui, c'est ça ! Bon, moi je ne beugue pas… quoique… ce n'est pas si sûr puisque je ne dors plus, je m'agace, je bouffe du chocolat et j'ai mal à la nuque. Entre autres symptômes que je n'ai peut-être pas encore détectés. C'est fou ça, je n'avais jamais pris conscience que je ne me respectais pas.

— Tu as tellement le souci de l'autre que tu t'oublies complètement, reprend Estelle.

— Mais c'est bien de s'oublier, non ?

— Cela dépend de ce que tu entends par s'oublier, modère Estelle. Là, tu vois que c'est délétère pour toi et que ça te fait souffrir, donc est-ce que c'est bien ? C'est bien de souffrir, de ne pas se respecter ? C'est juste ? Ça fait « oui » à l'intérieur de toi ?

— Ben, non.

— Donc dans ces circonstances-là, c'est bien ?

— Non.

— Qu'est-ce qui te pose le plus problème dans tout ce que tu viens de nous raconter, Nicolas ?

— En fait j'ai peur de perdre l'estime de l'autre, de ne pas être aimé, apprécié pour ce que je suis.

— Derrière une peur, il y a souvent une croyance. Quelle serait cette croyance ? Tu as la croyance de quoi à ton sujet ?

— Je ne sais pas.

— La croyance que tu peux faire du mal avec tes paroles ? La croyance qu'en t'oubliant tu es quelqu'un de bien ?

— Oui, il y a de tout ça, mais la dernière me parle particulièrement bien finalement.

— Et cette croyance génère un besoin. Par exemple, tu as peut-être ce besoin de prouver, de convaincre que tu es quelqu'un de bien ?

— Oui, convaincre, prouver.

— Et tu te sens comment avec ce besoin de prouver que tu es quelqu'un de bien ?

— Pas bien. Pas bien du tout, même.

— Tu en souffres ?

— Oui, carrément. Je m'en rends compte maintenant.

— Et si je te dis qu'il s'agit d'un besoin excessif, ça te parle ?

Nicolas réfléchit.

— Oui répond Nicolas, en effet, c'est un besoin excessif. Il est très fort.

— Si tu avais la possibilité de te libérer de cet excès qui te fait souffrir...

— Je ne vois pas comment, mais j'aimerais bien, oui !

— Es-tu intéressé pour que je t'explique comment te soulager, te libérer de ce besoin excessif de convaincre que tu es quelqu'un de bien ? Ou de le prouver ? Ou te libérer de cette croyance qu'en t'oubliant tu es quelqu'un de bien ? C'est sans obligation... si tu ne le souhaites pas, on ne le fait pas.

— Oh que si !

— Alors dans ce cas, quel est le problème ? Le besoin excessif de convaincre ou de prouver, la croyance ?

Nicolas réfléchit encore.

— Le besoin excessif de prouver. Convaincre aussi.

— Ferme les yeux et laisse venir. Qu'est-ce qui sonne le plus juste dans l'instant ?

— Démontrer !

— Génial ! C'est toi qui sait ! Alors peut-on considérer que tu as le besoin excessif de démontrer que tu es quelqu'un de bien ?

— Oui, tout à fait.

— Alors tu retiens cela, que tu as *ce besoin excessif de démontrer que tu es quelqu'un de bien*. Cela te va ?

— OK. C'est tout ?

— Non ! Estelle rit. Mais tu retiens quand même cette phrase, j'explique la suite.

-11-
ADAHE

— Peut-être que vous autres, la proposition vous interpelle aussi ? continue Estelle. Est-ce que cela vous dit de faire l'exercice avec un autre besoin excessif ? Est-ce que, à la lumière de cet entretien avec Nicolas et pour faire vite, il vous serait aussi venu à l'esprit un fonctionnement, une peur, une croyance, une tendance, une résistance, un besoin non satisfait qui vous causeraient du stress ? Ou un certain mal-être, si le mot stress ne vous convient pas...

Le petit salon réfléchit et Claudia annonce :

— Pour moi, ce serait le besoin à tout prix de convaincre que j'ai raison.

— Ça te fait quoi ce besoin ? Tu le vis comment ?

— Ça fait que je suis assez agressive et que je vois bien que ça produit l'effet contraire. Et du coup, ça m'énerve et me rend encore plus agressive ! Et ensuite, j'ai de la rancœur.

— Alors oui, c'est tout à fait cela ! Ton besoin excessif est celui de convaincre que tu as raison. Tu gardes ça en tête, d'accord ?

— D'accord.

— Pour moi, dit Cléa, ce serait peut-être le besoin de convaincre que je suis intelligente.

— Convaincre que tu es intelligente ?

— Oui, parce qu'avec le SGT, vue de l'extérieur, j'ai le sentiment que je dois paraître complètement débile avec tous mes gestes. Parce qu'ici, ce n'est rien, mais vous me verriez dans le quotidien, ne serait-ce qu'à la caisse d'un magasin, au moment de payer, avec les gens qui attendent et moi qui ai des tics à chercher mes sous, ou ma carte dans mon porte-monnaie, où la moindre manipulation me provoque des tics, surtout quand je sens que l'on m'attend... et c'est comme ça partout et tout le temps. Si je n'ouvre pas la bouche pour exprimer quelque chose de sensé, je sens bien que l'on me regarde comme si j'étais une attardée.

— Tu penses que l'on te croit attardée lorsque tu ne parles pas, à cause de tes comportements, c'est ça ?

— Oui.

— Et pour toi, c'est la réalité ou une idée que tu te fais, une croyance que l'on te croit débile ou attardée ?

Cléa réfléchit. Elle baisse les yeux en bas à gauche. Elle n'avait jamais pensé à cela. Puis elle lève son regard, toujours vers la gauche et précise :

— Oui, c'est sans doute une croyance. Mais peut-être aussi que j'ai été confrontée à cela dans mon enfance. Ou bien, c'est l'idée que je me fais de moi.

— Ou bien, une interprétation de ce que tu aurais pu vivre ?

— Oui, peut-être. Alors j'aurais la croyance de quoi ?

— Je ne sais pas, qu'est-ce qui te parle ?

— Peut-être la croyance que je ne suis pas crédible. Que je ne suis pas légitime dans ce que je fais ou dis. Je suis toujours en train de me justifier. Et du coup, en disant cela, je me rends compte que j'ai un foutu besoin d'être crue dans tout ce que je dis ou fais. J'y mets une énergie de dingue !

— Et ça te fait souffrir ?

— Oui, énormément. J'en deviendrais violente.

— Je comprends. Alors Cléa, tu gardes en tête ce besoin d'être crue que l'on va qualifier d'excessif, car il te nuit. On va y revenir. Et pour toi Roselyne ?

— Je ne sais pas trop.

— En rapport avec ton Jonathan, par exemple… à quoi es-tu accro en ce moment ? À quoi penses-tu spontanément là maintenant tout de suite quand je te dis ça ?

— À son sourire quand il me regarde. Son sourire me manque terriblement.

— Peut-on dire que tu es dépendante de ce sourire ?

— Oui, carrément. Il m'habite jour et nuit.

— Alors il s'agit d'un attachement excessif. Tu as un attachement excessif au sourire de Jonathan. Cela te parle ?

— Pourquoi excessif ?

— Parce que cela te fait souffrir. Non ?

— Oh que si.

— Alors à partir du moment où il y a souffrance, c'est que c'est excessif, comme j'ai expliqué tout à l'heure. Je vais donner un exemple. Tout le monde a besoin d'être aimé, d'être respecté, d'être pris en considération. Mais lorsque ces besoins deviennent excessifs, ils génèrent des comportements exagérés qui vont vous mettre mal à l'aise, en porte-à-faux vis-à-vis de vos interlocuteurs et vis-à-vis de vous-mêmes. Si vous avez le besoin – ou le désir – excessif d'être aimé, vous allez vous comporter de manière à attirer l'amour des autres, mais de manière inappropriée. Et cela risque de mener à l'inverse. Vous pouvez devenir jaloux, possessif, en faire toujours trop. Parce que, en arrière plan, il y a la peur de ne pas être aimé. Tout est relié, les croyances qui mènent aux peurs, et qui génèrent des comportements, des tendances, lesquels sous-tendent des besoins excessifs, des désirs excessifs, des attachements. Peu importe par quel bout on aborde le problème. Le tout est de parvenir à discerner ce qui se joue, ce qui est touché en nous, quelles valeurs, pour arriver à comprendre quel besoin n'est pas satisfait. Ce qu'il nous *manque* pour être pleinement serein. Et moins un besoin est satisfait, plus il devient excessif. L'idée n'est pas de se libérer du besoin, mais de *l'excès*. Et peut-être ensuite du besoin tout court, à force de vous être dépouillés. Plus vous ferez cet exercice, avec l'appui de l'écoute, plus vous parviendrez à discerner la cause de vos souffrances par vous-mêmes ensuite. Pour finalement vous en libérer. Quelles que soient ces souffrances. Qu'elles soient d'ordre émotionnel ou corporel. Du coup, Roselyne, est-ce que tu te sens excessivement attachée au sourire de Jonathan ?

— Carrément. Il ne me quitte pas.

— Il y a d'autres choses chez lui qui ne te quittent pas ?

— Oui, tout !

— Je comprends. Mais dans un premier temps, tu vas juste retenir que tu as cet attachement excessif au sourire de Jonathan. D'accord ?

— Oui, je retiens.

— Je peux jouer moi aussi ? demande la sexologue.

— Bien sûr ! répond Estelle, enchantée de la demande de Brigitte.

— Comme j'ai entendu que tu évoquais également les désirs excessifs et que ça me parle bien, pour moi, ce serait plutôt le désir excessif que les consciences évoluent. J'y aspire très fortement.

— Formidable ! Et as-tu envie d'exprimer ce que ce désir génère en toi pour le qualifier d'excessif ?

— Un peu comme tout le monde ici, je bous quand ça n'avance pas ! Je m'impatiente. Pas ici, ici tout va bien, mais en général, quand je constate le niveau de conscience de l'humanité, j'ai envie de ruer dans les brancards et ça peut aussi me rendre agressive et me jouer des tours et ensuite je m'en veux et je mets un bon moment avant de m'en rendre compte et de retrouver mon calme. J'aimerais bien être plus pondérée, mais c'est plus fort que moi. Ça part tout seul. Il y a beaucoup de choses à libérer derrière tout ça ! Il y a encore du boulot !

— Merci de te prêter au jeu, Brigitte. Ta démarche est très importante, car voyez-vous, où que l'on en soit du travail sur soi, il est essentiel d'être le plus honnête possible envers soi-même si l'on veut continuer d'évoluer. Il y a tant de gens qui se croient arrivés. Si l'on se fait croire que tout va bien, que l'on est bien sous tout rapport, comme je l'entends souvent, ou que l'on n'a pas d'ego et que ce sont les autres qui ont un problème, alors on ne peut pas s'en sortir. La liberté passe par l'honnêteté la plus totale. Donc c'est un long chemin de discernement. Dire que l'on n'a pas d'ego revient pour moi à dire que l'on n'a aucune blessure de l'ego, donc pas de souffrance égotique. Si c'était le cas, nous n'aurions plus mal nulle part, car quatre-vingt-dix pour cent de nos douleurs, de nos problèmes physiologiques viennent du stress émotionnel, et cela reviendrait aussi à dire que nous serions tous sereins, en paix, en amour inconditionnel avec tout ce qui vit, et nous serions également humbles, comme certains aiment se penser, ce qui est un comble tout de même !

Pour être libre, il faut voir très clair en soi et s'être libéré de ses souffrances égotiques, de ses peurs, ses croyances malsaines et limitantes, ses besoins et désirs excessifs, de ses attachements nocifs, de ses résistances atrophiantes, entre autres. En ce qui concerne l'ego, chacun y va de sa définition, que ce soient les bouddhistes, les psy, les religions, les différentes philosophies, mais en fait, on s'en fiche, car ce qui compte c'est de discerner les causes de nos souffrances égotiques, celles qui nous abîment, pour s'en libérer et être enfin soi-même, se retrouver et vivre en toute liberté, en toute simplicité, ce qui mène à la dignité. Voilà, c'est mon point de vue, on n'est pas obligé d'y adhérer. Moi, je sais où j'en suis et je m'applique ce que j'enseigne, tous les jours depuis quarante ans. J'essaie d'être

congruente. Donc, je reviens à toi, Brigitte. Tu dis que tu as excessivement le désir que les consciences évoluent, c'est cela ?
— Oui.
— Te sentirais-tu responsable de l'évolution des consciences ?
— Pas totalement ! Mais j'espère y contribuer avec mes enseignements et mon travail.
— Tu espères et tu bous lorsque tu constates que ça n'avance pas comme tu voudrais.
— Oui, c'est exactement ça.
— Alors dis-moi, quel est le problème d'après toi ?
— Je suis impatiente que ça avance.
— Cette impatience te pose-t-elle problème ?
— Oui en fait. Ce serait plus léger si je m'en fichais.
— Si tu te fichais de quoi ?
— Du temps que ça prend.
— Donc, si je te dis que ton problème est que tu as un désir excessif que les consciences évoluent *rapidement*, cela te convient ?
— Oui… attends, je réfléchis… oui, c'est tout à fait ça en fait, que ça avance rapidement. Oui, c'est surtout ça.
— *Rapidement*, c'est la petite nuance qui va tout changer dans ta demande de libération. Bien, tu gardes cela en tête. On pourrait maintenant passer à la pratique, mais je pense qu'il serait bon, peut-être, de faire une petite pause avant. Qu'en pensez-vous ? Cela fait beaucoup d'informations, non ?

— Oui, bonne idée ! s'exclame Cléa. On pourrait lire la suite des textes ?

— Oui, pour moi c'est OK, une petite pause lecture, répond Claudia.

— Moi, j'aurais bien enchaîné, mais ça me va aussi, exprime Nicolas.

Finalement, tout le monde est d'accord pour une pause lecture et Roselyne reprend donc les textes de ses amis :

— Alors j'ai sous les yeux un texte avec plein de ratures, annonce Roselyne.

— C'est le mien, commente Nicolas, c'est mon côté perfectionniste contradictoire. Je veux que mon texte soit parfait et en même temps, à cause de ça, il est tout moche. Je n'aime pas ça, mais bon, j'essaie de lâcher un peu.

— Tu n'aurais pas le syndrome de Gilles de La Tourette par hasard ? Parce que chez nous, le côté perfectionniste, c'est vraiment un problème viscéral. Et les ratures, taches, trous dans le papier, je ne te dis pas !

— Allez, lis Roselyne ! s'impatiente Claudia.

— Attendez, je relis un peu avant pour ne pas écorcher le texte parce qu'il s'agit d'un poème.

Puis Roselyne lit avec précaution :

— « Tu es mon début et ma faim
Mon amont et mon aval
Sans toi je suis comme un défunt
Mort d'être loin de ton val.

Je rêve que tu me prennes la main
Et que mes doigts tu avales.
Sans retenue, comme un gamin
Je m'extasie et t' inhale.

Dans mon doux pantalon de lin
Hisse le mat, jouent les balles
Et même si ce n'est pas malin
Me colle à toi. Tu m'emballes.

En prévision d'un gros câlin
Nos deux corps souples s'affalent
Se tordent et se relient enfin
Et en un geste s'avalent. »

Silence respectueux. Puis :

— Joli ! Tu écris souvent des poèmes ? demande Claudia.
— Oui, ça m'arrive. J'aimerais en écrire plus et aller plus loin dans l'érotisme. Mais je n'ose pas encore. C'est comme pour la BD.
— Peut-être que ça va se faire petit à petit ici, en alternant avec des textes plus libres, dit Brigitte.
Elle se veut encourageante car elle décèle chez Nicolas une sensibilité et un vrai potentiel.

— Oui, je ne vais pas me cantonner à la poésie, j'ai aussi envie de me libérer avec d'autres formes d'écriture. Et je sens qu'avec les exercices d'Estelle, ça va beaucoup m'aider.

— Eh bien justement, annonce Brigitte, il reste un texte et c'est celui d'Estelle. Prête pour la lecture Roselyne ?

La sexologue ne peut s'empêcher de sourire et une certaine curiosité mêlée de jubilation latente flotte dans l'atmosphère du petit salon. Roselyne, qui a lu un peu, sourit en coin et commence.

— « J'adore écarter les cuisses...

— Hou la !

— Chut !

— J'adore écarter les cuisses. J'aime m'asseoir les jambes écartées, cela me libère des contraintes d'une position guindée et anti-naturelle, j'aime pouvoir m'étaler sur un canapé ou un lit, prendre de la place, ma place, j'aime écarter les cuisses sous le soleil qui me réchauffe la peau et me détend jusqu'aux tréfonds. J'aime écarter les bras et accueillir la vie, l'amour, les gens qui m'aiment et que j'aime, j'aime écarter les lèvres et sourire de toutes mes dents écartées, j'aime écarter les doigts de pied en éventail et ne rien fiche de la journée, j'aime écarter le rideau de la brume du matin et découvrir les champignons qui tapissent la verdure, j'aime écarter le drap qui te couvre et m'allonger sur ta peau fumante de désir, j'aime écarter les cuisses sur ton pieu au pieu, j'aime écarter de ton regard les doutes, les soucis, les entraves à ton sourire, j'aime écarter mon cœur pour y faire entrer toute la douceur et la fragilité du monde, j'aime écarter les cuisses pour soulager mon dos de tous les amortis des blessures d'antan, j'aime écarter les chaises pour que l'on fasse salle de bal improvisée, j'aime écarter les doigts et sentir le vent filer sans retenue, j'aime t'écarter les bras et te chatouiller le torse avec mes lèvres, j'aime écarter la peur, la tristesse, l'amertume et la haine de l'âme des canards boiteux, j'aime écarter les ailes et prendre mon envol, j'aime écarter les cuisses et méditer sur rien, j'aime écarter les oreilles et écouter les hirondelles faire leur nid, j'aime écarter les paupières et te faire des grimaces, j'aime écarter les cuisses et que tu viennes me... tous les autres verbes qui sont dans la liste de Brigitte..., j'aime écarter la bien-pensance, les hontes, les indignations, les culpabilités, les choses convenues et les frilosités, j'aime écarter les cuisses, les bras, les lèvres, la bouche, les paupières, les oreilles, tous les doigts, la langue, le ventre, la poitrine, les cheveux, les pores de la peau et VIVRE ! ».

Roselyne s'est arrêtée de lire et regarde l'assistance. Un grand frisson lui parcourt l'échine. Grand silence, visages exprimant toutes sortes de choses, regards croisés... et Estelle qui attend la sentence.
— Ben merde !
Cléa ne sait pas quoi dire d'autre.
— Comment ça, « merde », demande Estelle. Vous me faites peur, dites quelque chose !
— C'est vachement beau ! s'exclame Claudia.

— Et c'est super culotté, poursuit Roselyne.
— Ou pas, commente Nicolas. Comment tu fais pour oser écrire des trucs pareils ?
— Tu veux dire, à mon âge ?
Nicolas rit.
— Oui, entre autres...
— Eh bien justement, j'ose oser. On est là pour ça, non ? Je ne me pose pas de question, j'écris comme ça me vient et tant pis si c'est moche, si ça choque ou si ça ne plaît pas.
— Moi ça me plaît ! Beaucoup même !

Cléa est toute excitée, ce texte stimule son côté extravagant et provocateur. Elle est agitée par des tics du visage et des épaules.

— Je n'ai pas toujours été comme ça, bien loin de là. Et comme je vous l'ai dit, c'est nouveau pour moi d'écrire ce genre de choses, alors j'y vais, je fonce !

Suite à ces grands moments, le petit groupe éprouve le besoin de prendre l'air. Il est convenu de prendre dix minutes, puis de revenir pour pratiquer la technique de libération des besoins, attachements et désirs excessifs.

-12-
Préparation

De retour dans le salon de Brigitte, Estelle demande à celle-ci si elle peut continuer avec ADAHE, comme convenu, histoire de terminer l'expérience. Bien sûr, la sexologue est curieuse de faire la pratique et tout le monde est suffisamment requinqué pour se prêter au jeu avec plus d'attention. Estelle continue donc d'expliquer :

— Pour la libération et l'harmonisation de l'ego, j'utilise une technique bien connue en sophrologie, que j'ai légèrement adaptée pour ce travail. Il s'agit des IRTER. Vous connaissez ?

— Oui, moi je connais, répond Cléa.

— Et vous autres ?

Personne ne connaît.

— C'est l'acronyme de « Inspiration, Rétention, Tension, Expiration, Relâchement ». Pendant un IRTER, on inspire, on retient l'air et pendant ce temps, on met le corps en tension, puis on expire en se relâchant.

Elle explique en mimant.

— Vous allez faire ceci pendant environ trois minutes, chacun à votre rythme. Et sur chaque expiration, vous prononcerez mentalement la phrase « Je me libère de… » ce que vous avez dit tout à l'heure.

— C'était quoi déjà ? demande Cléa.

Alors l'octogénaire à la mémoire prodigieuse rappelle à chacune et chacun la phrase qu'elle et il avait à retenir en y ajoutant « Je me libère » :

— Pour toi Nicolas, c'était le besoin excessif de démontrer que tu es quelqu'un de bien. C'est toujours ça ?

— Oui.

— Alors la phrase que tu auras à prononcer mentalement tout en expirant sera : « Je me libère de ce besoin excessif de démontrer que je suis quelqu'un de bien ».

— Compris !

— Pour toi Cléa, c'était le besoin excessif d'être crue.

— Donc je vais prononcer mentalement : « Je me libère du besoin…

— De *ce* besoin, rectifie Estelle. Le *ce* amène la précision, la désignation et la mise à distance du problème.

— OK, alors : « Je me libère de ce besoin excessif d'être crue ».

— Voilà. Pour toi Roselyne ?

— « Je me libère de…

— De cet attachement excessif au sourire de Jonathan ».

— « Je me libère de cet attachement excessif au sourire de Jonathan ».

— Et pour toi Claudia ?

— « Je me libère de ce besoin excessif de convaincre que j'ai raison».

— Alors tu va essayer d'être plus précise. Plus c'est précis, plus c'est efficace. Est-ce que tu penses à quelqu'un en particulier ?
— Plusieurs personnes. Tout le monde en fait. C'est quasi maladif chez moi !
— Une personne en particulier, sans réfléchir ?
— Dimitri.
— Donc ?
— « Je me libère de ce besoin excessif de convaincre…
Puis elle sèche.
Alors Estelle complète :
— « De convaincre Dimitri que j'ai raison ».
— « Je me libère de ce besoin excessif de convaincre Dimitri que j'ai raison ». C'est long !
— Tu souffleras longtemps… ! Voilà et pour toi Brigitte ?
— « Je me libère de ce désir excessif que les consciences évoluent rapidement ».
— Génial ! Donc pendant trois minutes, vous allez faire des IRTER en prononçant mentalement votre phrase sur l'expiration. Vous vous en souvenez, hein, on ne va pas recommencer ! Notez-la sinon.
— Oui, oui, c'est bon !
— Bien, alors ensuite, je vous poserai une question. Cette question vous vous la poserez à vous-même. Je vous dirai : « Qu'est-ce que vous choisissez à la place ? ». Vous vous demanderez donc : « Qu'est-ce que je choisis à la place ? ». Et ne commencez pas à y réfléchir maintenant ! Il ne faut pas ré-

fléchir. Cela viendra spontanément quand je vous le dirai. Mais cela peut aussi être « Qu'est-ce qui est bon pour moi à la place ? », ou « Qu'est-ce qui est juste pour moi à la place ? ». Bref, vous verrez bien ce qui vous convient le mieux, mais en fait, ce qui est important, c'est de *laisser venir*. La réponse peut se présenter sous forme de mots, d'images, de couleurs, de sentiments, une ambiance intérieure. Cela peut venir spontanément ou se dessiner progressivement, prendre forme petit à petit. Ce qui est important, c'est de ne pas réfléchir, de ne pas intellectualiser, de ne pas analyser, ne pas interpréter, ne pas émettre de résistance, bref, de ne pas *interférer*. Sinon, vous restez dans vos *a priori*, vos ornières. Vous restez dans vos schémas de pensée, vos croyances limitantes qui vous empêchent d'évoluer vers autre chose, vers d'autres possibles. Cela demande du lâcher prise, de l'accueil, de l'humilité. Lâcher le contrôle et faire confiance, *se* faire confiance, profondément. Faire confiance à sa conscience profonde, à son inconscient. Il peut venir n'importe quoi. Cela peut être cohérent ou pas du tout. Il se peut que vous vous disiez : « Mais non, qu'est-ce que c'est que ce truc, je n'en veux pas ! », ou encore « Ce n'est pas normal, c'est bizarre, ça n'a rien à voir avec mon problème ! ». Ou encore, il se peut que ça coule de source, que ce soit totalement évident. Peut importe, c'est *symbolique*. En faisant les IRTER, vous libérez la source du stress et ensuite, vous demandez à votre conscience profonde, votre moi profond de vous envoyer une information plus juste. Votre conscience profonde sait très bien ce qui est juste pour vous. Et elle fonctionne beaucoup par les symboles. Elle vous envoie des infos de façon symbolique. Pas votre intellect. Votre intellect va vous envoyer des infos qui vous arrangent ou que vous connaissez déjà. Donc vous ne changerez pas. Et votre problème reviendra. Si vous laissez faire et faites confiance à votre conscience profonde, si vous lâchez prise par rapport au résultat, il se peut que vous receviez de nouvelles informations, sous forme symbolique ou avec des mots. Et là, vous êtes créatifs. Dans le sens où la créativité, c'est faire *autrement*. Quand on est empêtré dans une problématique, dans des schémas de comportements, de pensées, de croyances, on refait toujours la même chose. Pendant des années. La créativité c'est faire autrement, penser autrement. C'est une petite fenêtre qui s'ouvre vers autre chose. Quelquefois, il ne faut pas grand-chose pour que tout change, que notre ambiance intérieure, notre énergie change. Entrevoir qu'une autre façon de faire, de penser ou d'être est possible. Et cela, sans réfléchir, simplement en se rendant réceptif, disponible à notre petite voix intérieure, à notre conscience profonde. Notre conscience sait très bien ce qui est juste pour nous, mais souvent nous ne voulons pas le voir parce que cela remet nos habitudes en question. Mais ce n'est pas forcément violent ! Nous avons peur que cela chamboule tout d'un coup et nous résistons au changement. Nous ne lâchons pas prise. Nous avons peur de nous-même. Faisons-nous confiance. Ce n'est pas forcément ce que nous voulons intellectuellement qui est bon pour nous. C'est pour cela que j'aime la formule « Qu'est-ce que je choisis à la place ? ». Cela signifie « Qu'est-ce que ma conscience profonde choisit pour moi, elle qui sait ce qui est juste pour moi. » Et dans le choisir, il y a une action. Le choix est souvent accompagné d'une prise de décision. Il y a un mouvement, quelque chose se met en marche. On ne reste pas statique à se complaire dans son choix. Ce n'est pas « J'aimerais bien », ou même « Je voudrais ». Le problème avec le « Je veux », c'est que l'on peut vouloir longtemps, on peut vouloir plein de choses, ce n'est pas pour autant que cela se fait, que cela s'accomplit. Sur un plan énergétique, le choisir s'inscrit dans le mouvement, dans la créativité, alors que le vouloir peut être stagnant. Bon, à la lumière de tout cela, vous verrez bien comment cela se passera pour vous et ce qui viendra comme formulation.

Donc, pour résumer : IRTER pendant trois minutes environ avec votre phrase de libération à chaque expiration, puis vous laisserez venir ce qui est juste pour vous, ce que vous, votre conscience profonde choisira pour vous. Puis vous resterez en contact avec cela pendant environ trois minutes également, à l'écoute de vos ressentis, votre ambiance intérieure, vos sensations. Voilà. C'est bon pour vous ? Vous avez compris ?

Apparemment, chacun semble avoir compris la démarche et certains se montrent stupéfaits de la douce énergie qui émane de cette femme et de sa clarté d'esprit. Mais ce qui semble limpide pour elle est loin d'être le cas pour les autres et elle n'est pas dupe.

— Ne vous en faites pas, je vous guide, vous avez juste à vous souvenir de votre phrase et je vous accompagne pour toute la partie technique. Donc, ça vous va ? On peut commencer ? demande-t-elle avec un sourire plein de tendresse.

-13-
Libérations

— Inspiration, rétention de l'air, vous contractez votre corps selon vos besoins, expiration, vous vous relâchez et prononcez mentalement votre phrase : « Je me libère de... ». Voilà, vous continuez à votre rythme.

Estelle vient de donner le départ. Elle observe comment chacun s'y prend pour vérifier si tout le monde a bien compris. Au bout de quelques respirations, Cléa se met à bailler. Puis c'est le tour de Nicolas. Claudia qui se contractait très fort la première minute continue ses IRTER avec régularité, mais semble y mettre moins d'intensité. Puis elle aussi se met à bailler. Deux minutes se sont écoulées. Ça souffle, ça expulse avec de plus en plus de douceur. Doucement, mais sûrement. Un peu plus de trois minutes se sont écoulées et Estelle reprend la parole :

— Vous pouvez maintenant vous laisser respirer naturellement. Et vous vous posez cette question : « Qu'est-ce que je choisis à la place ? ». Et vous LAISSEZ VENIR...

Trois autres minutes se sont écoulées. Chacun fait sa *désophronisation*, comme on dit dans le jargon sophro. Ça baille, ça s'étire, ça ouvre doucement les yeux. L'exercice aura duré six minutes en tout. Une broutille. Qu'en est-il ?

— Alors, est-ce que quelqu'un a envie de s'exprimer, de partager son expérience ? Comment cela s'est-il passé ?

— Alors pour moi, c'est fou, commence Cléa, au fur et à mesure que j'expulsais, que je me libérais, je sentais de plus en plus de relâchement dans mon corps, mais aussi dans mon esprit, un peu comme si j'étais un automate et la phrase avait de moins en moins d'importance. Et ensuite est venue une grande marguerite jaune orangée. Je ne sais pas pourquoi…

— Peu importe, ne cherche pas. Comment t'es-tu sentie ?

— J'ai ressenti de la force et une certaine confiance en moi. C'était très agréable et très apaisant. Et là, je me sens sereine.

— Merci Cléa pour ce partage.

— Je peux parler ? demande Roselyne.

— Bien entendu !

— Pour moi ça a été bizarre parce que plus je me libérais, plus le sourire de Jonathan devenait flou. Et du coup j'essayais de le retrouver. Et puis j'ai lâché et à la fin, je ne le voyais plus du tout. Je crois que j'avais peur que cela crée un vide et que je me retrouve seule. Et quand j'ai accepté de lâcher, et de le laisser s'estomper, je me suis sentie soulagée finalement. C'est comme si une part de moi reprenait vie…, je ne sais pas comment l'expliquer.

— Comme si tu reprenais de la place tandis que son sourire en prenait moins ?

— Oui, c'est ça ! C'est bien ça. Et ensuite, ce n'est pas « Qu'est-ce que je choisis à la place ? », mais « Qu'est-ce qui est juste pour moi ? » qui s'est imposé. Et alors là, il m'est apparu le mot « RESPIRATION ». Alors je l'ai laissé se diffuser en moi, sans aucune résistance, comme tu nous l'as dit, et je me suis sentie de plus en plus légère et fraîche. Et là, je me sens légère.

— Oui, merci Roselyne. Maintenant, tu verras dans le temps comment tu es avec ça. Si tu as besoin de recommencer ou non.

— Et je pourrai faire la même chose avec d'autres aspects de Jonathan ?

— Oui, mais on peut aller plus loin aussi avec ce sourire. Là, c'était juste une mise en bouche, pour vous apprendre la technique, mais je ne suis pas certaine que cela suffira. Qu'est-ce qui fait que tu es si attachée à ce sourire ?

— Il est beau.

— D'accord. Qu'est-ce que tu ressens quand il te sourit ainsi.

— Je me sens exister, j'ai l'impression d'avoir de l'importance pour quelqu'un.

— Pour Jonathan en l'occurrence.

— Oui.

— C'est important pour toi ce besoin d'exister, d'avoir de l'importance ? Ça fait deux choses en fait. Besoin d'exister et besoin d'avoir de l'importance. Qu'est-ce qui est le plus fort tout de suite ?

— Besoin d'exister. Depuis mon divorce, j'ai l'impression d'être inexistante. Et aussi besoin d'être importante aux yeux de quelqu'un. Et aussi, il me vient le besoin de me sentir désirée, de me sentir intéressante, de me sentir aimée.

— Note tous ces besoins. S'ils sont excessifs, ils mènent ta vie et te conduisent à des comportements, des réactions, des agissements qui te nuisent au final et entravent ta liberté et ta dignité.

— Oui, je sens qu'ils occupent beaucoup de place dans ma vie. C'est d'ailleurs ce qui a conduit à mon divorce. Je vois comment j'étais avec mon mari. Je voulais l'exclusivité.

— Tu peux rajouter ce besoin. Besoin excessif d'exclusivité. Tu notes pour mémoire parce que tu pourras faire un travail dessus. On verra cela plus tard. Une chose à la fois.

Roselyne prend note et se met à écrire plus longuement. Apparemment, cela lui a procuré quelque ouverture d'esprit.

— En fait, je n'existe que par le regard des autres. Et là, je ressens que sans le regard de Jonathan, je n'existe pas. Je suis dépendante de son regard, du regard qu'il pose sur moi. C'est terrible. J'y suis terriblement attachée. C'est comme un enchaînement.

— Une prison ?

— Ben oui, finalement, c'est comme si toute ma vie était suspendue à son regard, au sens propre comme au figuré. Je me sens prisonnière de ça.

— Quel est ton problème, ici, maintenant, avec cette prise de conscience ?

— Je suis prisonnière de Jonathan.
— Plus finement... tu parles de son regard...
— Je suis prisonnière du regard de Jonathan.
— Sur toi.
— Oui, sur moi. Quelle pourrait être ta prochaine phrase de libération en commençant par « Je me libère » ?
— Je me libère de ma dépendance au regard de Jonathan sur moi ?
— Pas mal, mais tu peux aller plus loin. Cette dépendance est générée par quoi ? Quel besoin excessif ?

La petite assemblée ne perd pas une miette de ce dialogue. Même s'ils semblent avoir compris la démarche, il reste des éléments, des précisions qu'ils n'ont pas encore intégrés et écouter les deux femmes aller plus loin dans le discernement et l'ajustement leur apporte beaucoup. Il faudra encore certainement de nombreuses séances avant que cela coule de source.

— D'exister ? répond Roselyne.
— Mais encore ? Tu l'as dit tout à l'heure...
— D'exister aux yeux de Jonathan ?
— Voilà, essaye avec la phrase toute entière pour voir comment cela résonne en toi.
— « Je me libère du...
— « De ce »
— « Je me libère de ce besoin excessif d'exister aux yeux de Jonathan ».
— Voilà. Ferme les yeux, recommence, ça sonne comment ?

Roselyne redit plusieurs fois la phrase les yeux fermés et conclut :

— Ça sonne mieux avec « Je me libère de ce besoin excessif d'exister dans le regard de Jonathan».

— Bon, tu la notes et tu le feras chez toi. Et si tu as besoin, tu m'appelles.

— Merci Estelle, mais je ne voudrais pas te déranger.

— Tu m'appelles, insiste calmement Estelle.

La séance d'ADAHE prend une ampleur insoupçonnée au sein du groupe. Même Brigitte qui a pourtant l'habitude de travailler sur elle se rend compte de la force du procédé. Elle-même a eu une belle prise de conscience pendant sa séance et souhaite la partager.

— Je voudrais m'exprimer sur ma séance. J'ai eu un éclairage important. En fait, avec la phrase « Qu'est-ce que je choisis à la place ? » m'est apparue spontanément le visage d'une de mes formatrices. Pourquoi elle, je ne sais pas, mais j'ai accueilli et j'ai senti un sourire se dessiner sur mon visage, naturellement. Et puis, j'ai compris. J'ai compris que j'ai un projet sur mes clients et sur les gens en général. Mon projet est que j'aimerais qu'ils évoluent, rapidement ou non, là n'est pas la question. Le problème est ce projet. Ma formatrice disait tout le temps qu'en tant que thérapeute, nous ne devions pas avoir de projet sur la personne. Et qu'il était facile de tomber dans le piège d'avoir un projet sur l'autre. Et en effet, je suis tombée dedans. Résultat, je m'énerve, je m'impatiente quand j'ai terminé ma journée et je suis assez intolérante.

— Ah bon ? Mais ça ne se voit pas ! s'exclame Claudia.

— Non, ça ne se voit pas, mais ça m'empêche de dormir la nuit. Je vitupère, je suis en colère la nuit et je m'en veux aussi de ne pas être plus coulante. C'est la nuit que cela se ressent. Et je viens de prendre conscience de l'origine de toute cette colère et de ce malaise nocturne.

— Mais comment ça, ne pas avoir de projet sur l'autre ? demande Nicolas, interloqué. C'est normal d'avoir un projet, de vouloir qu'il grandisse, qu'il évolue…

— Oui, c'est naturel, mais c'est délétère et destructeur à la longue, explique Brigitte. Cela génère des frustrations, lesquelles génèrent de la colère, de la haine et des comportements, des fonctionnements nuisibles pour soi et les autres. On se croit généreux, on se croit une bonne, voire une belle personne parce qu'on fait tout pour aider l'autre à avancer, mais est-ce qu'on est à l'écoute des besoins de l'autre, de ses propres rythmes, de ses propres objectifs, de ses aspirations profondes ? Non, on suit nos objectifs, nos aspirations, nos projets, sans vraiment tenir compte de l'autre finalement. On n'est pas du tout à l'écoute. Et on s'épuise. Et on finit par emmerder les autres. Passez-moi l'expression, mais c'est vraiment ça. Et ça épuise. Et pour finir, soit l'autre finit par se plier à vos désirs, soit il n'en fait qu'à sa tête, soit il vous quitte.

— Oh, je viens encore de comprendre quelque chose, intervient Roselyne.

— Oui, moi aussi, dit Claudia avec une moue qui en dit long.

En fait, tout le monde se retrouve dans ce que vient d'expliquer Brigitte.

— Je pense que je vais me libérer de ce besoin excessif d'avoir un projet sur l'autre, annonce Brigitte. Mais en même temps que je le dis, ça ne colle pas. Ce n'est pas un besoin excessif, c'est autre chose.

— Une tendance ? propose Estelle.

— Oui, une tendance.

— Alors vas-y avec ça, et tu verras bien si cela débouche ensuite sur un besoin excessif. Sans rien attendre, bien sûr.

— « Je me libère de cette tendance à avoir des projets sur les autres » ? Oui, ça sonne juste.

— Essaie de préciser encore. Les autres, c'est qui ? Tu notes et tu feras ça chez toi ce soir. Dans ton lit si tu veux… et peut-être que tu dormiras mieux, tu nous diras.

— Génial, j'ai hâte !

Brigitte est toute émue et touchante dans cette posture « d'élève » dans son propre atelier. Cela passe très bien et elle est ravie de ne plus tout contrôler. Elle ne sait pas comment cet atelier va se continuer, mais curieusement, elle constate qu'elle s'en moque.

Il reste Claudia et Nicolas. Estelle leur demande s'ils souhaitent s'exprimer sur leur expérience. Claudia prend la parole :

— Tout cela est très intéressant. Je me retrouve dans beaucoup de choses. Pour ma part, je ne me sens ni bien, ni mal, mais quand même avec un léger mieux. Détendue en fait, mais sans plus. Il n'est rien venu avec la phrase « Qu'est-ce que je choisis à la place ». C'était le grand noir, que dalle. Ça fait peur ! Du coup, je ne sais pas si j'ai réussi ou pas.

— Peut-être que c'est ça ton choix profond, que c'est ce dont tu as besoin au plus profond de toi ?

— De quoi, le noir, le néant ?

— Oui, rien. Ce n'est ni positif, ni négatif en soi. Tout est une question de regard. Le « néant » peut aussi être extrêmement relaxant, bienfaisant. Plein de gens cherchent à « faire le vide » et quand il se présente, ça fait peur. Faudrait savoir ! Mais c'est peut-être tout simplement un grand lâcher-prise ?

— Ah, maintenant que tu le dis, je me rends compte que je n'étais pas si mal avec ce « rien », mais c'est l'idée que je m'en suis fait qui ne m'allait pas.

— Voilà, tu as interprété. Pas si facile d'accueillir, n'est-ce pas ? Je me souviens d'une de mes clientes qui était sortie de dépression, et qui, au cours d'une de ses séances de sophrologie s'était sentie très mal car dans l'exercice de concentration sur un objet neutre, son objet de concentration était noir. Pour elle c'était forcément négatif et elle a eu peur de retomber en dépression. C'est d'ailleurs ce qui est arrivé. Tout était dans ses croyances et son interprétation du noir. Le noir n'a rien de négatif en soi, c'est juste l'idée que l'on s'en fait.

Après ces explications, Claudia retrouve le sourire et se détend totalement. Elle est plutôt satisfaite maintenant.

— Tu te sens comment ? lui demande Estelle.

— Super bien. C'est comme si je n'en avais plus rien à faire de convaincre ou non.

Et elle part dans un grand éclat de rire. Cependant, Estelle note une pointe d'amertume dans le ton de Claudia. Elle n'en a pas vraiment fini avec ce problème. Suite au prochain numéro. Le temps file à toute vitesse, il reste Nicolas.

— Nicolas ?

— Oui, mfff, que dire… c'est un peu spécial. Il m'est venu un arbuste à petites fleurs roses que j'ai vu dans le jardin d'une amie. Je n'ai pas compris pourquoi, mais j'ai « accueilli », comme tu nous l'as bien recommandé. Et en fait, ces petites fleurs ressembles à des petits clitoris. C'est tout frais et tout mignon. Voilà où j'en suis…

Il sourit, béat, les bras croisés, avachi dans son fauteuil.

— Un arbre à clitos ? Trop mimi ! s'exclame Cléa. Et ça te fait quoi ?

— Eh bien, ça me remplit de joie ! Je ne cherche pas à comprendre.

— Non, ne cherche pas, confirme Estelle. Ce qui compte, c'est ce que tu ressens, ton émotion, ton état d'esprit et tes sensations corporelles, ton ambiance intérieure, ton énergie là, dans le moment présent. Car avec cet exercice, vous travaillez sur vos mémoires cellulaires, votre stress cellulaire et vous reprogrammez autre chose de plus créatif, comme je vous l'ai expliqué. C'est énergétique, quantique. On traite de l'information à un niveau subtil. Surtout ne pas laisser intervenir l'intellect, le contrôle, la volonté. Laissez faire votre inconscient et votre imaginaire, c'est bien plus profond et puissant. Et réparateur.

— On peut faire ça en Reiki aussi ? demande Nicolas. Tu me l'avais appris Estelle, mais je n'ai jamais pratiqué.

— Oui, tu peux faire exactement la même chose avec le traitement mental-émotionnel que tu as appris avec le second degré du Reiki Usui. Si vous ne connaissez pas, ça ne va pas vous parler, mais ce n'est pas grave, cela vous montre juste qu'il y a d'autres manières de se libérer. Le traitement mental est une technique de Reiki que Mikao Usui, le créateur du Reiki Usui, a conçue pour se libérer des mauvaises habitudes. Je m'en suis énormément servie jusqu'à ce que je me rende compte que parmi les mauvaises habitudes, il n'y avait pas que les comportements, mais les habitudes de pensée, les croyances qui généraient ces comportements et donc les besoins excessifs et ainsi de suite. Du coup, j'ai retravaillé en allant plus loin et en me libérant des besoins excessifs qui généraient mes habitudes délétères. Et cela s'est avéré redoutablement efficace, notamment sur mes symptômes. Donc, Nicolas, c'est exactement la même chose, c'est juste la technique de libération qui est différente. Et avec le Reiki, l'énergie de l'univers, les symboles que l'on utilise, c'est encore plus puissant. Puissant dans la douceur, profond. Je fais cela depuis très longtemps. Bon, maintenant c'est plus espacé, je ne le fais que lorsque je sens que mon écologie intérieure est bousculée, et que quelques tics reviennent. Ce sont mes sentinelles. Les sentinelles de ma justesse. Avec cette technique de Reiki que j'ai légèrement remaniée, on peut travailler sur toutes les souffrances, toutes les blessures de l'ego, tous les dysfonctionnements, sans limite, si ce n'est celle de notre capacité de discernement. Mais quoiqu'il en soit, même si ces techniques sont efficaces, cela ne doit pas remplacer le travail de fond que tu fais avec ton auto-traitement, Nicolas, et avec la sophro, Cléa, car c'est ce travail de fond qui permet d'ancrer, de développer votre conscience, vos potentiels et votre capacité de discernement. Et donc d'être autonomes. L'autonomie est un des plus beaux cadeaux que l'on puisse s'offrir.

Voilà, j'en ai terminé avec ADAHE, conclut Estelle. Vous pourrez essayer chez vous maintenant.

-14-
Vanité

— Merci de me recevoir chez toi Estelle.

— C'est quand même plus pratique qu'au téléphone, vu tout ce que tu as à me dire. Alors comme ça, tu as revu Jonathan ?

— Oui, il y a une semaine. J'ai assisté à une de ses conférences. Et j'ai eu un grand choc. Il y avait toute une cour autour de lui, avec des nanas, toutes plus belles les unes que les autres. Je les voyais batailler pour être celle qui serait à ses côtés pour l'accompagner sur l'estrade, lui préparer son verre d'eau, sa chaise, son ordinateur, son vidéo projecteur, ses livres, ses flacons d'huiles essentielles... bref, une vraie comédie à l'américaine. Et je l'ai aussi vu embrasser une femme. Magnifique. Une grande brune, très fine, de type indien aux yeux violets ! Je n'avais jamais vu une telle beauté. Je me suis sentie très laide tout à coup et réellement insignifiante. Et elle n'arrêtait pas de lui faire des mamours et il les lui rendait bien. Je me suis bien fait berner, mais surtout, je me suis bien auto-bernée. C'était à vomir tellement j'avais mal. Mais il ne m'avait pas encore vue, il y avait beaucoup de monde et je me faisais très discrète. Et à un moment donné, nos regards se sont croisés. Et il a perdu d'un coup sa superbe. Son visage s'est décomposé. Cela n'a pas duré. Il a attrapé sa compagne et lui a administré un baiser à n'en plus finir, carrément érotique. Ils se léchaient la langue, la bouche ouverte. Tout le monde s'est tu. Et puis tout a repris son cours, comme si de rien n'était. Bien sûr, la petite cour était moins enthousiaste, mais chacune gardait quand même son rôle, et son masque, quelquefois qu'un jour, on peut rêver, ce soit son tour... et moi j'ai fait de même. Pas mieux. Pourquoi a-t-il fait ça ? Pour me montrer qu'il savait baiser, dans tous les sens du terme ? Pour me signifier que le problème ne venait finalement pas de lui, mais de moi ? Pour me montrer qu'avec cette fille, il était à mille lieues de moi ? Je n'ai rien compris. Je me suis senti me liquéfier sur place. J'ai trouvé cela d'une cruauté sans nom. En fait, c'est ça, ce type est cruel. Il joue avec les femmes comme un chat avec les souris, mais une fois croquées, ou pas, il reste gentil, ce qui entretient l'illusion d'un espoir, mais il n'en est rien. Qu'avait-il à faire avec moi, pourquoi s'être comporté ainsi, cette complicité, s'il est avec cette splendeur ? Du coup je me suis mise à penser qu'il n'était pas si comblé avec elle et qu'il cherchait autre chose. Je ne comprenais plus rien. Tout s'est encore plus embrouillé dans ma tête. Je me suis fait des films. J'avais le cœur en larmes et les jambes en marmelade. C'est ça, il est cruel. Pas clair et cruel.

— Comme ça a dû être difficile pour toi...

— Oui, terriblement. J'ai pleuré pendant toute la nuit. Mais j'ai surtout pleuré sur ma stupidité. Et cependant, je n'arrive pas à me défaire de son image. Je l'ai dans la peau. D'ailleurs, depuis, je ne sais pas si c'est lié, mais je fais des plaques d'eczéma. C'est la première fois de ma vie !

— C'est bien possible que ce soit lié.

— Elles me démangent dès que je revois cette image de baiser fougueux. Je suis complètement sous son emprise. Mais je suis aussi en colère, dégoûtée, et surtout je m'en veux de m'être accrochée ainsi. Qu'est-ce que j'espérais ? Pour qui je me suis prise, à croire que je pouvais intéresser un type comme lui ? Et pourtant, il me laissait vraiment croire que j'étais intéressante, unique, et moi je me suis laissée prendre au jeu de l'ego.

Roselyne marque une pause. Elle est dépitée, pantelante. Estelle lui laisse reprendre son souffle, se poser, puis lui demande :

— Le jeu de l'ego ? Qu'entends-tu par là ?

— Eh bien, ça me flattait, je me sentais importante, mieux que les autres pour une fois ! Quand nous étions ensemble aux soirées entre amis, il ne me quittait pas des yeux, j'avais l'impression que tout ce que je disais ou faisais était magnifique, exceptionnel ! Et nous avions cette complicité innée, comme si nous étions faits pour nous rencontrer, comme si nous avions quelque chose de fort à vivre ensemble ! Et là, je suis si déçue, si déçue...

— Comme un sentiment de gâchis ?

— Oui, c'est ça. Je suis déçue, on aurait pu construire quelque chose ensemble.

— Tu lui en veux ?

— Oui.

— De quoi ?

— D'abord de m'avoir menti. Mais en fait je ne sais pas si cette femme est avec lui depuis longtemps ou non, donc ça, je ne peux pas savoir. Je pense que je lui en veux surtout de n'avoir pas cru en notre histoire. Mais en même temps, s'il y avait déjà cette femme, c'était compliqué pour lui. Mais alors pourquoi ne m'avoir rien dit ? Il aime mener plusieurs vies et il tenait à moi malgré tout ? Voilà, je lui en veux de ne pas avoir été clair avec moi. D'avoir manqué de simplicité.

— Tu aurais préféré qu'il te dise tout ?

— En fait, non ! Bonne question ! J'étais sourde, je voulais qu'il soit à moi, un point c'est tout. Peu importe les obstacles.

— Tu avais le désir qu'il soit à toi ? Qu'il soit ta propriété ?

— Non, quand même pas ! Mais en fait, si j'y réfléchis, quand je repense à cette femme dans ses bras, devant tout le monde, oui j'avoue que j'aurais bien aimé être à sa place. Je suis jalouse en fait.

— Tu es jalouse...

— Oui, très.

— Tu aurais aimé être à sa place devant tout le monde...

— Oui, que l'on voie bien que l'on est ensemble, lui et moi. Oh là là, c'est horrible ce que je te raconte, j'ai honte...

— Pas de problème, tu peux tout me dire de tes hontes, culpabilités, toutes ces choses inavouables que l'on n'ose même pas se dire à soi-même. C'est la clé du travail sur soi. Si tu ne vas pas regarder de ce côté, tu tournes en rond et tu ne te libères pas vraiment et ça peut durer très longtemps. Très longtemps à souffrir encore. Plus on est honnête et plus la délivrance est profonde. Qu'est-ce qui motive ce désir que l'on vous voie ensemble ?

— Je pense que c'est le besoin de me sentir l'élue.

— Et que cela se sache, du coup ?

— Non, pas forcément en fait. Oui, c'est vrai, est-ce que j'ai vraiment envie qu'on nous voie ensemble ? Non, ce n'est pas ça, c'est surtout être l'élue. C'est de la vanité en fait ?

— Oui, cela en est une des composantes... C'est un aspect de la vanité. C'est le fait de se comparer aux autres, de se complaire à être différent, quitte à en souffrir, de se penser être une personne à part, que ce soit dans un sens élogieux ou dans l'autre sens. Se croire sauveur, sauveuse en fait également partie.

— Eh bien c'est tout moi ! Je pense que je peux aussi le sauver, lui apprendre à aimer par exemple. Et aussi à faire l'amour, vraiment, pas seulement baiser.

— Et d'être la seule à pouvoir le faire ?

— Oui, bien sûr !

Roselyne rit.

— Tu ris, qu'est-ce qui te fais rire ?

— Je viens de prendre conscience de l'ampleur de ma vanité et que c'est cette vanité de penser que je suis la seule à pouvoir lui apprendre à aimer qui m'attache à lui. Et je repense à Brigitte avec ce qu'elle a dit à propos du projet. Avoir un projet sur l'autre. Il y a de ça aussi. Ça va avec.

— Comment te sens-tu avec cette prise de conscience ?

— Pitoyable et en même temps pleine d'espoir de pouvoir enfin me dégager de cette souffrance. Et surtout, que finalement, ça vient de moi.

— Que c'est de ta responsabilité ?

— Oui, c'est ça.

— Et de prendre conscience que c'est aussi de ta responsabilité, ça te soulage ?

— Oui, totalement. C'est une révélation. Je me rends compte que tout attendre de l'autre est vain. Je me rends compte que si je prends conscience de ma part de responsabilité, je peux agir, alors que si j'attends que ça vienne de l'autre, je ressens de la frustration, avec tout son cortège de colère, de haine, de sentiment d'impuissance, de résignation dont on a parlé pendant les ateliers de sexo-ADAHE.

— Du coup on fait quoi ? demande Estelle.

— J'aimerais bien que l'on dégage ça avec les IRTER.

— Ça quoi ? Pour cela, il faut cerner le problème. C'est quoi ?

— C'est ma vanité...

— La vanité, c'est large. On ne peut pas se libérer de la vanité d'un bloc, mais de ses aspects, oui, les uns après les autres. Qu'est-ce qui anime cette vanité ?

— C'est que je pense que je suis la seule à pouvoir lui apprendre à aimer.

— OK, c'est une croyance, une peur, un attachement, un besoin excessif, un désir excessif ?

— Une croyance. J'ai cette croyance que je suis la seule à pouvoir... tiens, j'entends le mot pouvoir... serais-je aussi dans le pouvoir ?
— Peut-être. Le pouvoir de quoi ?
— Prendre le pouvoir sur l'autre. Je sais ! Besoin excessif d'exclusivité ! J'en avais parlé lors de notre dernier atelier.
— Je m'en souviens.
— Alors me voici avec deux choses à traiter il me semble.
— Bien vu. Quelles seraient les phrases de libération ?
— Il y aurait : « Je me libère de cette croyance que je suis la seule à pouvoir apprendre à Jonathan à aimer » et « Je me libère de ce besoin excessif d'exclusivité ».
— Bravo Roselyne, tu es douée ! Besoin ou désir ?
— J'ai ce désir qu'il me désire exclusivement.
— Et qu'est-ce que cela crée en toi, comment tu le ressens dans ton corps ?
— Je ressens une rage et de la tension dans mes muscles. Je ressens le besoin d'attirer son attention sur moi et je me sens impuissante.
— Cette impuissance te fait souffrir ?
— Oui, terriblement.
— Elle est générée, d'après ce que tu viens de dire, par ce besoin d'attirer son attention...
— Oui, de susciter son désir.
Roselyne réfléchit et Estelle lui laisse le temps, elle sent bien que quelque chose émerge chez sa jeune amie. Roselyne reprend :

— J'ai à la fois le désir intense d'être désirée par Jonathan et en même temps, un désir d'exclusivité, mais je sens que cela est généré par le besoin profond d'être reconnue comme exclusive par lui. En fait, désir, besoin, je ne sais pas trop ce qui découle de l'autre, c'est tellement imbriqué. Attends, je réfléchis.

Estelle laisse Roselyne mettre de l'ordre dans ses pensées, ses sentiments. Elle ne la quitte pas du regard. Puis la jeune femme déclare d'un coup, fermement :

— « Je me libère de ce désir excessif d'être reconnue comme une femme exceptionnelle par Jonathan ».

— Voilà, c'est plus précis, et ainsi cela a plus de chance de fonctionner. En fait, à partir de là, tu verras bien comment la phrase évoluera au cours du traitement de l'information par ton subconscient. Il se peut qu'elle s'ajuste au fur et à mesure et tu sentiras dans ton corps quand ce sera vraiment ça. Je te propose de faire la libération de cette croyance que tu es la seule à pouvoir apprendre à Jonathan à aimer avec les IRTER et la libération de ce désir excessif d'être reconnue comme une femme exceptionnelle par Jonathan avec le traitement mental-émotionnel en Reiki. Cela te convient ?

— Parfait !

— Alors tu t'installes confortablement sur ton siège et lorsque tu es prête, tu fermes les yeux et tu commences. Inspiration, rétention de l'air avec tension consciente du corps et sur l'expiration tu prononces mentalement : « Je me libère de cette croyance que je suis la seule à pouvoir apprendre à Jonathan à aimer », tout en te relâchant. Tu continues à ton rythme.

Roselyne s'applique, se contracte et souffle à fond, tant elle a de rage à expulser cela d'elle. Au bout de deux minutes, elle baille et elle continue plus calmement.

— Tu arrêtes et tu te laisses respirer naturellement. Tu te poses cette question, ou toute autre qui te convient mieux : « Qu'est-ce que je choisis à la place ? » et tu laisses venir surtout.

Un sourire s'affiche presque immédiatement sur le visage de Roselyne. Tout son corps se relâche. Les bras tombent, les mains s'ouvrent, le front se lisse, le dos s'affale un peu. Estelle observe, mais n'interprète rien. Elle la guide pour qu'elle reste à l'écoute de ses sensations et de son ambiance intérieure. Puis elle annonce :

— Tu peux terminer tranquillement et ouvrir les yeux quand tu seras prête.

Roselyne baille à s'en décrocher la mâchoire, elle s'étire, respire, et sourit. Elle est ravie.

— Il m'est tout de suite venu le mot « DIGNITÉ » en gros, sur un fond de ciel bleu. C'est un mot que je n'emploie jamais. Et ensuite, « Légèreté » et j'ai suivi un papillon qui voletait dans un champ de coquelicots. J'avais le sentiment d'être ce papillon. C'était magique, bucolique et j'ai senti mon corps se détendre. Je me sens super bien. Merci Estelle.

— Bien, nous allons faire une petite pause avant de passer à l'autre phrase avec le Reiki. Tu veux boire une infusion ?

— Volontiers !

Les deux amies s'installent sur le balcon. Il y fait frais, mais le soleil est là. Bien couvertes, elles profitent de l'odeur délicieuse du daphné qui embaume le jardin de la résidence.

— Tu vis seule Estelle ?

— Dans mon appartement, oui. Mais je ne suis pas seule. J'ai mes deux chats et… mes deux amants.

Roselyne écarquille les yeux et se brûle la gorge en avalant d'un coup sa gorgée de tisane ayurvédique à la réglisse. Estelle court lui chercher un verre d'eau, puis place une main à quelques centimètres de la bouche de la jeune femme pour lui donner du Reiki. Une fois la brûlure passée, la jeune femme interroge :

— Tu me fais marcher ?!

Estelle la regarde par en-dessous, un sourire en biais.

— Pas le moins du monde. J'ai bien deux chats…

— Non, mais je ne te parle pas des chats !

— Oui, j'ai bien deux amants et ils se connaissent. Nous faisons un ménage à trois, librement, en vivant chacun chez soi.

— Faudra que tu m'expliques ça! Et tu as des enfants ?

— Je n'en ai jamais eu. Avec mon syndrome de Tourette, j'avais trop peur, comme c'est génétique, tu comprends… j'ai trop souffert et je ne voulais pas prendre le risque.

— Tu as été mariée ?

— Oui, mais il s'est barré au bout de dix ans avec une plus jeune. Finalement, j'ai décrété que je n'étais pas douée pour vivre avec un homme. Je suis trop indépendante, excessive, et je ne supporte aucune contrainte.

— Ben mince, moi qui croyais que tu étais une sainte ...

— Bonté divine, Dieu m'en préserve ! Je ne suis ni sainte, en tout cas, pas comme on pense que doivent être les saints, c'est-à-dire parfaits, et je ne suis ni humble, ni gentille, ni tout ce qu'on veut. Je suis moi et j'aurais beaucoup à dire sur toutes ces vertus que l'on attribue trop facilement aux gens dès qu'ils se conduisent avec un semblant de bonté, de discrétion et de bienveillance. Celle-là aussi, j'aimerais bien lui régler son compte, parce que des gens bienveillants, j'en connais, mais ils ne sont pas légion ! Il ne suffit pas de sourire ! Ce sont des mots que l'on galvaude et qui n'ont plus aucun sens, alors que c'est bien plus profond que l'on pense ! Il faut réfléchir un peu et ne pas se contenter du superficiel ! Maintenant, tout le monde est bienveillant. Et empathique ! C'est à la mode. Si l'on s'occupait à être authentique dans notre quotidien, congruent, ce serait déjà beaucoup et le reste en découlerait !

Roselyne rit devant la pétulance de son amie aux beaux cheveux blancs soyeux. Celle-ci lui sourit et lui demande si elle se sent prête pour la seconde libération avec le Reiki ?

— Oui, c'est bon.

— Alors rentrons et installe-toi sur le fauteuil relax. Pendant ce temps je me prépare.

-15-
Résistance

15 mars. Journée radieuse. Claudia et Roselyne se retrouvent pour déjeuner avec un sandwich au bord de la rivière. Il fait doux, et cela fait du bien après ces quelques jours de grand froid.
— Alors, quoi de neuf depuis la dernière fois ?
— Je suis allée voir Estelle chez elle.
— Ah oui ? Vous avez fait quoi ?
— Eh bien nous avons joué à ADAHE version sophro et version Reiki. J'ai compris un truc énorme, dit Roselyne, en appuyant bien sur chaque syllabe de « énorme », et ça m'a vraiment libérée. Je ne vois plus les choses de la même façon depuis. Et surtout, la séance avec le Reiki a été extraordinaire. Pas du tout les mêmes sensations qu'avec les IRTER. C'était très bizarre et j'ai vu défiler une série de personnes et de situations qui étaient finalement en rapport avec le besoin excessif que je traitais à ce moment là. Ensuite, au moment de laisser venir autre chose, j'ai vu Jonathan et j'ai eu super froid dans les jambes et le haut du dos. Vas-t-en savoir pourquoi… et ça a duré une bonne heure ensuite. Et depuis, je me sens beaucoup plus cool, même si je sais que j'ai encore beaucoup de choses à libérer. Estelle m'a expliqué que les changements de tempéra-

ture brusques, que ce soit vers le chaud ou vers le froid étaient souvent en lien avec les libérations qui s'opéraient en profondeur et que ce qui apparaissait était symbolique, à ne pas prendre au pied de la lettre. Et aussi qu'il était important de rester en contact avec l'ambiance intérieure que cela générait. Le tout est toujours d'accueillir ce qui vient, ne pas lutter, ne pas résister, ne pas interférer, le vivre et faire confiance au processus. Alors c'est ce que je fais ! On s'est revues quelques jours après et au cours de la conversation, on a relevé une tapée de croyances, de résistances, de besoins excessifs, de désirs excessifs aussi, tant sur les plans physiques que relationnels, émotionnels, spirituels, sur lesquels je travaille, jour après jour, depuis quinze jours, et je sens que Jonathan quitte petit à petit mon espace mental. Et par effet domino, ça joue sur plein d'autres aspects de ma vie et je le ressens déjà au quotidien.

— Dis-donc, tu me donnes envie d'aller sonner à sa porte !

— Oui, ça vaut le coup. À propos, ça va avec Dimitri ?

— Oui, très bien, et non, mais ce n'est pas lui, c'est moi en fait.

— Explications ?

— Notre relation est géniale, mais il y a quelque chose qui m'agace. Je lui explique des trucs sur la déco, sur la mode, sur l'impact de la présentation physique en société, j'essaie de lui faire comprendre que sa façon de s'habiller ne va pas avec son physique et sa personnalité et que c'est dommage. Mais il semble ne pas entendre, ou alors il le fait exprès.

— Et ça t'énerve.

— Oui, ça m'énerve !

— Et qu'est-ce qui t'énerve ?

— Eh bien... ça tourne toujours autour du fait que je voudrais qu'il se plie à mes idées, mais curieusement, je constate que je ne cherche plus à le convaincre que j'ai raison. C'est passé à autre chose de plus subtil.

Claudia réfléchit en croquant dans son sandwich. Elle plisse les yeux devant la rivière, penche la tête sur le côté et continue son introspection :

— En fait, ce n'est pas très joli joli, mais je pense que j'ai beaucoup de mal à accepter qu'il puisse résister à mes arguments et continuer comme si je n'avais rien dit. Il me caresse la tête, me fait un bisou et continue de s'habiller comme un clown. J'ai l'impression qu'il me nargue. Ça m'énerve ! Je ne supporte pas qu'il me résiste. Je ne supporte pas qu'on me résiste en général, d'ailleurs.

— Pourtant tu es assez tolérante au quotidien.

— Oui, j'essaie, mais je traite souvent les gens de cons dans ma tête !

— Haha ha ! Ben si ça peut te rassurer, moi aussi !

— On n'est pas vraiment bienveillantes alors ?

— Je pense que, honnêtement, non. Estelle m'a fait un petit topo là-dessus.

— J'imagine...

Roselyne imite Estelle, avec une voix douce et un sourire narquois :

— « La bienveillance ? Je compte sur les doigts d'une main les gens bienveillants. Ce n'est pas parce qu'on fait un joli sourire ou une voix douce que l'on est bienveillant, et ce n'est pas parce que l'on ne sourit pas ou que l'on est un peu bourru que l'on n'est pas bienveillant non plus! Il faut avoir pas mal travaillé sur soi, sur ses souffrances égotiques pour être bienveillant, congruent, empathique, gentil et tout ça… ! »

— Waouh ! Tu l'imites très bien !

— Oui, j'ai quelque don en la matière… et j'ai eu le temps de bien l'observer !

— Ça ne me dit pas comment me sortir de cet énervement contre Dimitri. J'aimerais bien parce que ce que l'on vit ensemble est génial à part ça.

— Tu me racontes ?

— Par exemple, avant-hier nous sommes allés faire du golf.

— Combien de trous ?

— Pff, t'es bête ! Huit !

Roselyne scrute Claudia sous tous les bords et compte les trous au fur et à mesure.

— Le compte est bon !

— Rhoooo, c'est malin… Sans rire, c'était génial. Il m'a appris à tenir le club, tu sais, comme on voit dans les films. Il me montrait et ensuite j'étais censée faire de même, mais c'était pitoyable. Alors j'en ai profité pour en rajouter un peu et il n'attendait que ça pour avoir un prétexte à se coller à moi et me prendre en main. Enfin, prendre mes mains, et faire le geste avec moi.

— Mmmhhh, petite coquine. Il y avait du monde ?

— Oui, quand même un peu, alors on faisait attention sinon on se serait fait l'amour sur le green. Je sentais son désir prendre forme contre le bas de mes reins, tu vois, juste au-dessus de la raie des fesses, cette zone particulièrement érogène. Il se pressait contre moi avec agilité. C'était d'une sensualité à fondre sur place. Et en même temps, personne n'était dupe. Les autres joueurs étaient loin, mais on pouvait quand même sentir leur regard amusé. Surtout que Dimitri est très connu au club.

— Tu crois qu'il est coutumier du fait ? Avec d'autres filles avant toi ?

— Peut-être bien, mais je ne veux pas le savoir. On ne parle pas de notre passé amoureux et sexuel. On se préserve et on profite de ce que l'on vit ensemble maintenant.

— Bravo. Moi c'est une chose que j'ai beaucoup de mal à faire. Je ne peux pas m'empêcher d'imaginer ce que Jonathan peut faire avec d'autres. Enfin, c'était le cas avant d'aller voir Estelle parce que là, en t'en parlant, je remarque que ça ne me fait presque plus rien.

— Tu t'en fiches ?

— Oui. Et non. Je me fiche de sa vie sexuelle, finalement ça le regarde et j'ai travaillé sur le désir d'être désirée par lui, d'être admirée, d'être reconnue et aussi d'être prise dans ses bras, d'être aimée de lui, d'être embrassée, tout ça, tout ce qui m'attachait à lui. Mais je sens qu'il y a encore des choses qui me retiennent à lui, mine de rien et que cela me freine encore dans ma créativité, dans mon élan vers autre chose.

— Est-ce que ça te ferait le même effet s'il n'était pas aussi « charismatique » ?

— Je pense que non. J'en ai discuté avec Estelle. Tout cela n'est que vanité. Je me suis prise moi-même les pieds dans le tapis. J'ai ma part de responsabilité. Mais je ne savais rien de tout cela. Maintenant, je ferai plus attention à ce qui se joue en moi, profondément. J'espère être plus lucide et ne plus tomber dans mon propre piège. Je serai moins dupe de moi-même. Enfin, je l'espère. Et d'ailleurs, je vais travailler sur cette notion de charisme que tu viens d'évoquer. Je ne l'ai pas encore fait, mais je sens que tu as touché un truc. Le charisme, ce mot ne me laisse pas indifférente.

— Super contente de pouvoir t'aider ! Et en attendant, chapeau, beau travail en peu de temps !

— Merci, mais il y a encore à faire. Ceci dit, je constate que je n'ai plus de colère ni de rancœur, ni d'aigreur car j'ai compris que cela venait aussi de moi et du coup, je ne me sens plus impuissante face à la situation. Je sais que je peux agir sur moi. Je pensais pouvoir agir sur Jonathan, mais ce n'est pas possible. C'est à partir de mes besoins profonds, de la compréhension de mes blessures égotiques que je peux agir. C'est vraiment une révélation pour moi. Ça change toute la donne, tu comprends, je ne me sens plus victime. Et j'ai compris à quel point la vanité et l'orgueil pouvaient être liés et extrêmement puissants pour nous faire tomber tout seul et que si l'on ne va pas regarder de ce côté-là, on ne peut pas se sortir d'une dépendance affective. Et pas que de la dépendance affective d'ailleurs. Si on réfléchit bien, ça doit s'appliquer à pas mal de situations. Rejeter toute la faute sur l'autre est vain et sans fin. J'étais dans la plainte permanente et je m'empoisonnais le sang avec ça. Et le cœur, la tête, tout ! J'ai cru que j'allais devenir folle et tomber en dépression, mais c'était à cause de mon manque de discernement. J'ai compris ça aussi. Bref, j'ai encore du boulot, mais la joie est revenue car je sais que j'ai les clés pour m'en sortir.

— C'est super intéressant. Mais je trouve difficile d'avoir du discernement pour tout.

— Attention ! Je n'ai pas dit que c'était pour tout, mais au moins pour la situation que je vis. Et c'est grâce à Estelle parce que toute seule, je n'y serais pas parvenue.

— Oui, c'est difficile toute seule. Moi j'ai l'impression de tourner en rond. Sauf quand je discute avec toi parce que ça fait écho et que cela m'aide à réfléchir.

— Eh bien voilà, c'est ce qui compte, avoir quelqu'un avec qui pouvoir discuter librement, sans jugement.

— Et qui ne pense pas à ta place non plus, parce que ça aussi, ça a le don de m'énerver !

— Pareil!

— Mais en fait, on juge toujours un peu, non ?

— Oui, tu as raison, approuve Roselyne. J'ai réfléchi à la question et en ce qui me concerne, j'ai remarqué que je juge systématiquement et très facilement. Et d'ailleurs, je me demande s'il est possible de ne pas juger. En tout cas au premier abord.

145

— Oui, au premier abord. Parce qu'ensuite, quand même, on peut faire la démarche de réfléchir et de revoir sa copie, se mettre à la place de l'autre, se remettre en question…

— Oui, mais comme tu dis, c'est une démarche. Et il faut être conscient que l'on est dans le jugement et choisir de faire cette démarche. Ce qui n'est pas toujours le cas.

— Oui, ce n'est pas naturel en fait.

— Est-ce plus naturel de juger ou de ne pas juger, telle est la question ! En fait, je pense que l'on ne peut pas vraiment ne pas juger, et même quand on s'y efforce, ça revient au moindre désaccord. En tout cas, moi, en toute honnêteté, je juge. Mais par contre, je ne condamne pas. Ou plutôt, je ne condamne plus. Je m'autorise à juger, mais je ne condamne plus, contrairement à ce que je faisais auparavant. Je condamnais systématiquement. Maintenant, je sais faire la part des choses. Et du coup, je juge aussi beaucoup moins.

Les deux amies se sourient et terminent leur déjeuner. Elles sont visiblement ravies d'être ensemble avec le sentiment d'être privilégiées. C'est si important pour elles d'avoir quelqu'un à qui se confier, une personne de grande confiance, intime, à qui l'on peut tout dire sans avoir peur d'être évaluée. Elles prennent soudain conscience de la nature de leur amitié, noble et digne. Car s'il peut être relativement aisé pour elles de parler de leurs relations sexuelles, il en est tout autrement d'exposer l'inavouable. Il est bien plus difficile de confier, d'avouer ses failles profondes et ce qui est jugé indigne, mauvais, pas bien, pas moral, pas convenable aux yeux de la société bienpensante et qui pourtant habite chaque être humain. Il est bien plus difficile de reconnaître ses propres hontes, ses lâchetés, ses fonctionnements vaniteux et orgueilleux que de rester en surface. Mais un jour, cela nous rattrape. Roselyne prend la main de Claudia et lui dit simplement :

— Je t'aime Claudia.

— Oui, moi aussi, je t'aime Roselyne.

— Ainsi, tu ne supportes pas qu'on te résiste?

— Non, je n'aime pas qu'on, qu'il me résiste, mais en fait, il est adorable avec moi. Il ne me résiste pas pour me faire du mal ou pour le plaisir de me résister. Je pense que c'est moi qui le vit comme ça, mais ce n'est pas forcément ainsi qu'il le voit. Il y a quelque chose d'autre, mais je n'arrive pas à y voir clair. En fait il est merveilleux. Et je me sens petite à côté de lui. Et au niveau sexuel, je n'ai jamais connu ça avant lui. Il répond à tous mes délires secrets. Il est d'une grande générosité, aussi bien dans le quotidien avec les amis, que dans l'intimité. Il a des goûts de chiotte pour s'habiller et pour sa maison, mais il a une tripotée d'amis, et sa vie sociale est très riche, alors je me trompe peut-être quand je dis que c'est si important. C'est sa signature en fait. Et sa générosité ne départit pas sur le plan sexuel. Il est très imaginatif, ose me proposer des choses, me demander aussi et il a une résistance peu commune. Il est capable de se retenir de jouir pendant des heures pour me satisfaire et me laisser avoir autant d'orgasmes que possible. L'autre jour on a fait l'amour pendant huit heures ! Tu crois ça toi !

— Huit heures ?! C'est possible ?

— Moi non plus je ne croyais pas cela possible. Mais c'est la vérité.

— Il bande pendant huit heures ?

— Avec des petites récréations, mais il ne faut pas grand-chose pour qu'il soit en érection. C'est une force de la nature ! Et à propos de nature, rien ne l'arrête. Avant-hier, au golf, après m'avoir expliqué comment tenir le club, nous avons commencé à jouer. Évidemment, les balles, je veux dire *mes* balles allaient dans tous les sens, mais pas une seule en direction du trou. Alors il s'est mis à faire pareil. Qu'est-ce qu'on a ri ! Mais de son côté c'était calculé car petit à petit cela nous a conduit à un bosquet à la lisière du green. Et là, je pense que tout le monde au club connaît ce bosquet, parce qu'on dirait qu'il a été créé exprès pour les amoureux et je ne suis pas née de la dernière pluie ! Quand nous y sommes entrés, c'est un peu comme si Dimitri avait tiré un rideau dernière nous et c'est tout juste s'il n'y avait pas une pancarte « Ne pas déranger ». Du coup, on a fait des choses dans les bois, avec le ciel au-dessus de nous, c'était magnifique, extrêmement érotique, sensuel, émouvant. Et comme je n'étais pas si tranquille que ça, parce que je n'ai pas l'habitude de ce lieu et que je me demandais tout le temps si quelqu'un n'allait pas arriver, il me taquinait et en même temps me rassurait, me tranquillisait. C'était très bon et très excitant de se sentir à la fois sous sa protection et à sa merci. Nous sommes bien restés une demie-heure dans ce bosquet et on s'est bien amusés.

— Ah bon, vous vous êtes bien amusés ?
— Oui, c'est une façon de parler. Tu veux savoir ?
— Ouiii !
— Petite coquine curieuse ! Bon, une fois bien avancés dans le bois, il m'a fait prendre appuis avec les mains sur un bel arbre avec une écorce particulièrement lisse. Et pendant qu'il m'enlaçait et m'embrassait dans le cou, il faisait glisser ses mains le long de mes hanches, de mon ventre et très adroitement a défait le bouton de mon jean et fait glisser la fermeture. Et petit à petit, tout en se collant à moi et en continuant de me caresser, il faisait doucement descendre mon pantalon. Alors il s'est reculé et avec une extrême lenteur et m'a déculottée jusque sous les genoux. Puis s'est accroupi derrière moi et m'a embrassé les fesses, puis le sexe. J'avais un peu froid alors il me caressait avec ses mains bien chaudes et me léchait l'entre-cuisse avec une grande délicatesse. Je me cambrais autant que je pouvais pour lui faciliter les choses. Alors il s'est mis sur le côté et s'est un peu éloigné pour me regarder. Il me souriait tendrement, amoureusement. Puis il s'est rapproché et s'est mis à me caresser la vulve par l'arrière avec une main, tout en m'embrassant dans le cou et avec l'autre main, il s'est occupé de mon clito. C'était extra et je gémissais de plaisir. J'avais envie qu'il me prenne ainsi. Mais il n'en a rien fait, il s'est de nouveau éloigné de quelques mètres et a continué à me regarder en me demandant de ne pas bouger. Tu parles ! Et moi je me suis exécutée, docile, amoureuse. Je m'imaginais dans cette pose, appuyée sur l'arbre avec mon pull relevé jusqu'à la taille, la

croupe en arrière et l'ensemble jean-culotte aux chevilles et lui en train de me regarder avec admiration, les yeux attendris et pleins de désir et ça m'excitait un max ! Il a alors sorti son…

— Hahaaaa, enfin…
— Sorti son smartphone.
— Non !
— Il m'a prise en photo. Une vraie séance de shooting. J'étais de plus en plus excitée. L'idée que quelqu'un pouvait arriver d'un instant à l'autre et me voir ainsi me pétrifiait et me grisait en même temps. Je n'en pouvais plus. J'imaginais des écureuils en train de nous regarder, des lapins, des oiseaux, comme Blanche-Neige… qui se ferait prendre par le Prince Charmant devant toute cette faune. Et ça m'excitait.
— Pas de crevettes ni de crapauds ?
— T'es bête !
— Ça t'excite d'imaginer des lapins et des écureuils qui te regardent ?
— Oui ! Et je ne le savais pas avant de vivre cette situation. Ensuite, il est revenu vers moi, puis m'a rhabillée ! Il m'a demandé de me retourner et m'a prise dans ses bras. Et il m'a montré les photos. Ça m'a fait très bizarre de me voir ainsi, mais j'ai aimé. Il a fait de très jolis plans, très esthétiques. Et très érotiques.
— Tu n'as pas peur qu'il utilise ces photos sur le net ?
— Curieusement, non. Je lui fais confiance. D'autant plus qu'il les a supprimées devant moi. C'était juste pour me les montrer et voir l'effet sur moi. Et puis on est repartis vers le

green, comme si de rien n'était, main dans la main. Mais moi, je suis restée sur ma faim ! Du coup, le désir est remonté de plus belle et c'est moi qui ai pris les choses en main, si tu vois ce que je veux dire... et on a baisé comme des bêtes. J'ai repris la même pose et alors là, il ne s'est plus retenu. C'est ce qu'il désirait en fait. Il est très joueur.

— Ah oui, en effet ! confirme Roselyne d'un hochement de tête sur le côté, la bouche entrouverte.

— Je vis un rêve. Mais il m'arrive de me dire que je ne le mérite pas, que c'est une histoire que je me raconte, que c'est le fruit de mon imagination. Et je ressens toujours cette résistance. J'ai peur de tout faire capoter. Sans mauvais jeu de mot.

— De tout saboter ?

— Oui, exactement.

Roselyne écarquille les yeux comme si elle venait de comprendre.

— Cette résistance, ce ne serait pas la tienne ?

— La mienne, pourquoi ? Je résisterais à quoi ?

— Tu dis que tu ne mérites pas Dimitri, cette histoire. Son amour ?

— Oui, son amour.

— Et s'il s'agissait de ta résistance à l'amour de Dimitri ?

Claudia dévisage son amie, elle n'en revient pas, une lueur vient d'éclairer son regard.

— Mais oui... c'est ça... j'ai peur de son amour. Je n'ai pas l'habitude et je résiste de peur que ce ne soit que du rêve. Et à cause de cette résistance, je risque de tout fiche à l'eau avec des attitudes méfiantes et des remarques blessantes.

Claudia regarde son amie et s'écrie :

— Estelle, sors de ce corps !

-16-
Framboise luisante

— Bienvenue à vous les amis. En ce premier jour du printemps, je vous souhaite beaucoup de légèreté, d'enthousiasme, de créativité, d'audace, de liberté d'être, de sexe et d'amour !

— Merci Brigitte, ça fait du bien !

— Alors où en êtes-vous depuis la dernière fois ? Avez-vous osé, écrit, mis des choses en place ?

Tout le monde se regarde, sourires en coin, se demandant qui va commencer. Roselyne regarde Claudia, l'incitant à prendre la parole, mais celle-ci lui fait comprendre qu'il n'en est pas question.

— Moi, j'ai écrit un texte assez chaud, se lance Nicolas. Ça m'a pris d'un coup, peu de temps après le dernier atelier. J'ai senti une montée d'audace et de confiance et surtout, une envie de me faire plaisir sans penser au *qu'en-dira-t-on*.

— Superbe ! Tu l'as apporté ?

— Oui.

— Tu pourras nous le lire ?

— Je ne sais pas. Mais je peux vous le laisser pour que vous le lisiez chez vous. J'ai fait des photocopies !

— Tu as tout prévu !

— Oui. Je préfère comme ça. J'ai un peu la trouille et en même temps, j'ai hâte que vous le lisiez et que vous me donniez votre retour.

— Moi aussi j'ai hâte ! s'exclame Cléa, très impatiente de découvrir son ami sous un nouvel angle.

— Moi je vais beaucoup mieux, dit Roselyne. J'ai vu Estelle et on a beaucoup joué à ADAHE. Je continue plusieurs fois par jour sur la liste que l'on a faite ensemble. Je suis de plus en plus sereine et j'en arrive même à penser que ce qui m'est arrivé est très positif. Cela m'a ouvert les yeux sur mes fonctionnements toxiques et j'ai même envie de dire merci à Jonathan !

— Tu éprouves de la gratitude, reformule Brigitte.

— Oui, c'est exactement ça, de la gratitude envers la vie. C'est fou quand j'y pense ! Il y a encore un mois, je pleurais toutes les nuits sur mon sort et maintenant, je suis reconnaissante. Et je sens une métamorphose en moi. Je me sens beaucoup plus libre qu'avant. Plus… ah, je ne trouve pas… c'est comme si je m'en foutais de plein de choses, mais sans pour autant être indifférente.

— Tu te sens détachée ?

— Détachée… oui c'est ça. J'en avais entendu parler, mais je ne l'avais jamais ressenti. C'est bien ça, détachée. Et paradoxalement, je me sens plus aimante.

— Oui je comprends, et l'amour va très bien avec le détachement… paradoxalement, comme tu dis. Dénué de peur, d'attente, de projet sur l'autre, dans l'accueil et l'acceptation inconditionnelle de l'autre. Et cela t'est rendu possible par le travail que tu as fait sur toi ces derniers temps. Je dois dire pour ma part que j'ai aussi lâché pas mal de choses par rapport à ma problématique de la dernière fois. Je comprends donc d'autant mieux ce que tu exprimes.

Cléa jubile et bout d'impatience de s'exprimer à ce sujet.

— Tu as terminé Roselyne ? demande Brigitte.

— Je voulais juste vous dire merci à toi et à Estelle, et au groupe, et à moi aussi.

— Tu veux t'exprimer Cléa ?

— Ça se voit tant que ça !

Rires bienveillants.

— Oui, j'ai envie de m'exprimer parce que j'ai pris conscience du fait que j'étais dans une grande impatience de tout. Impatience de commencer l'atelier, impatience de commencer à écrire, impatience de faire les choses impeccablement du premier coup, impatience que l'on me comprenne, impatience que les gens se bougent, impatience que tout soit fini avant même d'avoir commencé pour que je puisse me reposer, impatience de jouer, impatience de vous revoir, d'aller nager, d'avoir un corps de rêve, de tout comprendre, que ça aille plus vite, que les gens comprennent plus vite ce que je leur explique à la piscine, impatience que tout soit parfait partout tout le temps pour que je puisse enfin en profiter, impatience devant la bêtise, y compris la mienne, et ainsi de suite. Du coup, tout m'énerve très vite et je bous en permanence. Cela se traduit en tics de toute sorte et c'est épuisant. Sauf quand je médite ou que je fais l'amour ou des câlins. Sauf quand je suis dans le moment présent. Mais je ne peux pas y être tout le temps ! Tu y es tout le temps Estelle ?

— Non, rassure-toi. Mais j'y suis à quatre-vingts pour cent.

— Tu fais beaucoup de câlins et beaucoup l'amour alors, plaisante Roselyne en adressant un clin d'œil à Estelle.

— Oui ! C'est exactement ça !

— Ben dis donc, tu nous en diras tant ! s'étonne Claudia. Il va vraiment falloir que je vienne te voir !

— Moi aussi ! ajoute Cléa. Je fais comment avec cette impatience ?

— Déjà, tu en as pris conscience, c'est le premier pas, répond simplement Estelle. Viens me voir.

Cléa est ravie et impatiente de prendre rendez-vous avec elle.

Brigitte profite de ce moment pour proposer la thématique de l'atelier du jour.

— Comme jeu aujourd'hui, je vous propose de raconter une scène érotique que vous avez vue à la télé ou au cinéma.

— Et si on n'a pas de souvenir de ce genre de scène ?

— Oh, cherche bien, tu vas bien trouver quelque chose, cela m'étonnerait que tu n'en aies jamais vues. L'idée est que cela vous donne un appui pour oser aller plus loin dans l'écriture érotique par la suite. Parce qu'il n'est pas évident de partir de soi, je vous propose donc ici de partir de l'idée, du scénario d'une autre personne. Cela vous implique moins et vous permettra peut-être d'oser des choses.

— C'est une très bonne idée, j'ai déjà des scènes qui défilent dans ma tête, annonce Claudia avec un sourire rêveur.

— Mais, je n'ai pas bien compris, intervient Nicolas, on la raconte oralement ou on l'écrit ?

— Eh bien, c'est comme vous le sentez. Aujourd'hui je propose de raconter oralement, mais si vous souhaitez écrire, c'est possible, évidemment ! Par oral, ce n'est pas forcément plus facile. J'ai juste besoin de savoir si tout le monde est d'accord.

— Oui, c'est OK pour moi, dit Cléa.

— Pour moi aussi, dit Roselyne.

— Mais ça va être compliqué si certains racontent pendant que d'autres écrivent, intervient Nicolas.

— Bon, alors on va commencer par raconter, et ensuite vous écrirez. Ici ou chez vous.

— D'accord.

— Bon, ça vous va ? s'assure Brigitte.

La proposition rallie tout le monde dans le petit salon.

— Claudia, tu voulais commencer ?

— Pourquoi moi ?

— Non, je te pose la question, tu semblais inspirée...

Claudia sourit, un peu gênée tout à coup. Elle demande un peu de temps, histoire de choisir sa scène et de rassembler ses idées. Elle aimerait pouvoir la raconter le plus clairement possible, sans bafouiller et tenir son auditoire en haleine. Elle se met la barre haute, comme souvent. Mais comme elle a compris qu'ici, tout le monde avait le même problème, elle se lance.

— D'accord, j'y vais.

Le petit salon est tout ouïe et Claudia commence, en parlant doucement, comme si elle contait une histoire à des enfants, mais d'une voix sensuelle.

— Il s'agit d'un film que j'ai vu il y a quelques années, commence Claudia. Un film en costume à l'époque de Louis XVI. Une des protagonistes principales était une noble, jeune et très jolie, très courtisée, menant bon train et organisant moult bals et festins. Parmi les invités se trouvait régulièrement un homme, lequel avait des vues sur la jeune marquise, mais celle-ci feignait de ne pas le remarquer. Elle attisait cependant sa gourmandise avec des remarques coquines, des regards en biais, des attitudes alléchantes avec ses décolletés très provocateurs et ses minauderies savamment calculées. Douée d'une intelligence, d'une culture, d'une capacité à manier le verbe et l'ironie peu communes, elle attirait évidemment, non seulement par sa beauté singulière, mais aussi par ses attributs intellectuels. L'homme était peu bavard, du genre ténébreux, mais ne la quittait pas du regard, s'attirant d'ailleurs quelques mauvaises piques qui faisaient la joie des convives, bienheureux de ne pas être la proie de leur hôtesse.

Un soir, alors qu'elle se rendait à une fête voisine dans son carrosse, elle remarqua l'homme en question, à pieds, et l'invita à faire route avec elle. Il accepta et elle commença son numéro de charme. Alors sans mot dire, il s'approcha d'elle jusqu'à lui effleurer le visage. Elle ne s'y attendait pas et resta un peu coite, mais ne broncha pas. Il la regarda fixement dans les yeux et elle soupira. Alors elle s'appuya en arrière et lui offrit son corps.

Il baissa la tête vers sa poitrine et dégagea un peu l'étoffe qui cachait un sein. En tant que spectatrice, je ne voyais pas ce qu'il faisait, je devinais juste qu'il était en train de lui lécher le sein, de l'embrasser. Par contre, la marquise avait la tête renversée en arrière et manifestement, se délectait des caresses que lui prodiguait cet homme. Cela dura un certain temps. C'était très sensuel, c'est rare de voir ce genre de scène durer aussi longtemps. Avec une main, il lui caressait la taille, le dessous du sein, la hanche, la cuisse. Et elle soupirait de plus en plus. On pouvait deviner qu'elle commençait à écarter une cuisse par le mouvement de la robe. Et là, il retira son visage de la poitrine, laissant apparaître un mamelon tout rond que soutenait la lisière du décolleté de la robe, et un téton turgescent, gonflé comme une framboise, bien rouge, luisant de salive. C'était très érotique, il n'avait pas fait semblant ! Et alors, elle releva la tête et regarda son téton en haletant. Sûrement que ça l'excitait de se contempler ainsi. Imaginez un peu la scène… Avec la caméra qui zoome sur le sein et le visage de la demoiselle en train de se regarder, la bouche entrouverte, les yeux mi-clos. Elle respirait en tremblotant de plaisir et la caméra est bien restée le temps d'une dizaine de respirations. Et l'homme la regardait. Elle le regardait la regarder, il lui caressait l'aréole avec son majeur, et elle le regardait faire. Elle regardait ce doigt lui caresser le pourtour de son téton bandé à bloc, lui suppliant de continuer.

La cuisse sous la robe s'écarta de plus belle. Puis l'homme fit de même avec l'autre sein, laissant le premier apparent pendant toute la scène. Et pendant ce temps, il passa sa main sous la robe envahissante et l'on pouvait voir le mouvement du bras jusqu'à l'entre-jambe de la belle, totalement en pâmoison, la cuisse totalement remontée, la tête en arrière, le sein humide et luisant se soulevant à chaque respiration haletante.

C'est alors que l'homme tapa au plafond du carrosse, signalant au cocher de s'arrêter, puis il ouvrit la porte pour descendre. La marquise, complètement groggy ne compris pas pourquoi et balbutia : « Vous n'allez pas me laisser comme ça ! », ce à quoi il répondit : « Vous me laissez bien ainsi depuis des mois... ».

Claudia termine ainsi sa narration. Après un temps de silence pour continuer de savourer la scène, les commentaires ne tardent pas :

— Tu as super bien raconté, Claudia, la félicite son amie. Avec le ton, les bruitages de la respiration, les mimiques, on s'y serait cru ! C'était chaud !

— Merci Roselyne. Ça m'a beaucoup plu. C'était très intense pour moi de vous décrire cette scène. Mon cœur battait et je revoyais tout. J'aurais peut-être pu donner plus de détails pour être encore plus proche de l'ambiance, avec le bruit des sabots sur les pavés, les tremblements du carrosse, mais je ne suis pas sûre que ça aurait rajouté du piment. En fait, c'est ce que j'ai retenu de cette scène et que j'ai essayé de vous transmettre. J'espère que ça vous a plu.

— Oui, j'ai beaucoup aimé, apprécie Estelle. C'était tout en finesse et en sensualité et, à qui veut bien se plonger dans l'écran, d'un érotisme torride. Je ne me souviens pas avoir vu une telle scène de suçage de tétons dans un film pour tout public. Généralement, les cinéastes passent vite sur cette partie de l'anatomie. On voit des seins se faire malaxer, un peu sucer, mais pas trop. On assiste surtout à des accouplements sans intérêt sur le plan érotique. Mais là, s'y attarder autant, la scène se réduisant essentiellement à cela et montrer le résultat ensuite, avec cette framboise luisante de salive et la belle suffoquant de désir, et y rester tel que tu l'as décrit, c'était très excitant. En tout cas, moi, ça m'a fait de l'effet !

Tout le monde regarde Estelle, les yeux écarquillés et amusés de voir cette sacrée octogénaire beaucoup plus libérée qu'eux tous rassemblés.

— Eh bien quoi, pas vous ?

Si, si, ça a fait de l'effet à tout le monde. Et Nicolas aurait du mal à dire le contraire, car cela se voyait... et finalement, ne s'en cachait pas vraiment. À quoi bon de toute façon ? Ils étaient là pour ça, non ?

Brigitte est satisfaite de son idée. Cela fonctionne bien et semble délier les langues et les corps. Et permet de découvrir encore un peu plus les différentes personnalités qui composent ce petit groupe.

-17-
Le shampoing

— Du coup, annonce Roselyne, il me vient à l'esprit une scène que j'ai particulièrement adorée dans un film avec Jean Rochefort, il y a longtemps. Vous l'avez peut-être vu, c'est *Le Mari de la coiffeuse.*
— Non, ça ne me dit rien, répond Cléa.
— Moi non plus, répondent les trois autres écrivains en herbe.
Brigitte sourit, elle se souvient très bien de ce film d'une grande sensualité.
— Bon, je vais essayer de faire aussi bien que Claudia, vous raconter cette scène avec classe. C'est pas fait. Donc, l'histoire se situe dans les années cinquante. Un petit garçon adore aller chez la coiffeuse. Elle est rousse, magnifique, avec une chevelure de lionne, plantureuse, et elle sent bon. Quand elle s'occupe de lui, il a sans cesse les yeux dans son décolleté généreux et hume la délicate odeur qui en émane. Il sort toujours du salon comme ivre, le regard ailleurs et le sourire béat. Il y retourne toutes les semaines, au minimum. Un jour, son père lui demande ce qu'il souhaite faire plus tard et le petit garçon lui répond : « Je vais me marier avec une coiffeuse », ce qui rend fou de rage son père.

Bien des années plus tard, devenu adulte (joué par Jean Rochefort), il découvre en se baladant un salon de coiffure tenu par une jolie dame rousse très bien faite et très souriante. Il entre, la regarde, prend rendez-vous, puis la demande en mariage et elle répond oui.
— C'est ouf !
— Totalement. Ensuite, toute l'action se passe dans le salon où ils coulent des jours heureux, elle à s'occuper de ses quelques clients et lui, à lire son journal et à la contempler, même quand elle ne fait rien, debout derrière son pupitre, souriante et simplement naturellement sensuelle. Ils se sourient amoureusement et sont heureux ainsi. Leur principale activité est d'être amoureux et d'attendre la fermeture du salon pour s'aimer, les rideaux baissés. Vers le milieu du film, un nouveau client arrive. Il informe qu'il adore être shampouiné. Elle l'installe donc au lavabo et se positionne sur le côté pour lui faire un shampoing sur mesure, avec massage langoureux du cuir chevelu. Le client adore et lui dit qu'elle peut continuer ainsi, que ça lui convient tout à fait. Il s'ensuit donc une longue scène de massage du crâne sous une bonne dose de mousse, où les mains expertes s'affairent lentement et sûrement, avec beaucoup d'attention et d'amour de son prochain.

Roselyne marque une pause.

— Waouh, c'est sensuel, intervient Nicolas, mais… c'est tout ? C'est ça ta scène super érotique ? Il ne t'en faut pas beaucoup !

Ils pouffent de rire et Roselyne, sans prévenir continue.

— Jean Rochefort, qui contemple la scène sans en perdre une miette, se lève alors de son fauteuil et vient placer un petit tabouret derrière sa bien-aimée. Il s'y assoit, saisit tendrement les hanches de la coiffeuse et dépose des petits baisers sur ses fesses. Elle porte une robe d'été toute simple. Il passe alors ses mains sous la robe légère et on les devine monter jusqu'à la taille. Il lui caresse le ventre en frottant ses joues contre ses fesses. La coiffeuse est ravie, elle sourit, tout en continuant de masser le cuir chevelu de son client. Ça mousse beaucoup et j'ai peur qu'elle lui fasse tomber du shampoing dans les yeux, mais non, elle contrôle la situation. Et pendant ce temps, Jean Rochefort continue de la caresser, puis il fait glisser très lentement la culotte blanche de sa femme jusqu'aux genoux. Zoom sur la scène de lente descente de culotte.

Alors là, moi, en tant que spectatrice, j'ai la trouille qu'un autre homme entre, ou que la coiffeuse foute plein de shampoing dans les yeux de son client, lequel commence à soupirer d'aise dans son fauteuil. Et aussi, j'ai peur qu'il remarque ce qu'il se passe à côté de lui. Jean Rochefort, quant à lui, continue de caresser sa belle, remonte ses mains sous la robe jusqu'aux seins qu'il pelote avec beaucoup de sensualité, puis descend au niveau du sexe, et fait ainsi des allées-venues entre les seins et le bas-ventre. Et elle, rejette la tête en arrière, entrouvre la bouche, soupire, émet d'infimes gémissements tandis que le client se trémousse sur son fauteuil en lui demandant de continuer ainsi. Elle le masse un peu plus fort, sans perdre le contrôle de la situation, se cambre un peu, offrant sa croupe, ses seins aux mains suaves de son époux et j'ai encore plus peur qu'elle fiche du shampoing partout, ou qu'une personne regarde par la porte vitrée, ou entre. De l'extérieur du salon, le spectateur assiste à cette scène de la coiffeuse avec sa culotte sur les genoux, les mains qui vont et viennent doucement sous la robe et le client sous la mousse. J'ai envie que ça aille plus loin, que Jean Rochefort lui soulève sa robe au-dessus des fesses et l'embrasse, la lèche, lui lèche son abricot, et peut-être même aille encore plus loin, qu'il la prenne par l'arrière ici, pendant que les mains de sa femmes sont prises ailleurs et qu'elle ne peut rien faire, si ce n'est continuer de s'occuper de son client qui n'en peut plus. Elle non plus, elle n'en peut plus, c'est torridement sensuel.

Mais, non, Jean Rochefort ne fait pas cela. Elle a joui, silencieusement, son client aussi peut-être, elle lui rince soudainement la tête et pendant ce temps, son mari remonte habilement la culotte blanche. Elle sèche vigoureusement le crâne de son client et l'invite à passer sur l'autre siège, comme si de rien n'était. Elle continue de s'occuper de lui. Jean Rochefort se rassoit dans son fauteuil, reprend son journal. Lui et sa femme se lancent quelques sourires complices. Il est ravi, son sourire illumine son visage, ses yeux bleus brillent de joie et elle le gronde un peu du regard.

Roselyne termine ainsi son récit, pas trop mécontente d'elle.

— On voit que tu vas beaucoup mieux Roselyne, commente Brigitte. Par rapport aux deux premiers ateliers, c'est une vraie découverte !

— Oui, je revis et il faut dire que le sujet m'a bien inspiré. Et Claudia m'y a bien aidée aussi. Je remarque que depuis que je me libère de mes besoins excessifs, je m'ouvre à d'autres choses, j'ai de nouvelles envies et je me sens plus en accord avec moi-même.

— Et là, tu te sentais comment à raconter cette histoire ?

— C'était jubilatoire et je me sentais très bien. C'est très ludique et très jouissif de raconter ce genre de scène. Je suis prête à recommencer ! Je me sens, comment dire… vivante !

— Tu penses que ça va aller mieux également dans l'écriture ?

— Je vais voir. En fait, je pense aussi que je suis une grosse fainéante et que me mettre à écrire me fatigue. Je me rends compte que ce n'est pas du tout la même chose de parler et d'écrire. Ce n'est pas le même effort, le même investissement. Mais je vais m'y mettre. Avec ce genre de sujet, je suis plus motivée !

— A la bonne heure ! Si la sexualité peut te permettre de développer ta créativité, au lieu de l'inhiber, comme c'était le cas ces derniers mois, alors c'est gagné !

— La créativité est à la vie, ce que la pile est au petit lapin, tente Nicolas.

Tout le monde le regarde, interloqué.

— Ben oui, le petit lapin des piles Duracell. Sans les piles, il ne fonctionne plus...

— Oui Nicolas, c'est bien, répond Cléa sur un ton moqueur.

— En attendant, c'est bien ça, intervient Brigitte, la création c'est la vie. Et pas uniquement la création artistique, toute sorte de création, de réalisation. Et lorsqu'il *réalise* des choses, l'être humain *réalise*, dans le sens qu'il prend conscience de certaines choses, et c'est ainsi que petit à petit, il *se réalise*.

— Mouais, ceci dit, interroge Nicolas, je ne sais pas si cela s'applique aussi aux réalisations morbides, telles que les camps de concentration ou autres.

— Oui, c'est vrai, je n'y avait pas pensé mais on peut aussi être très créatif dans un sens destructeur. Et on est très doué pour cela, même pour soi.

— Oui, je suis d'accord, confirme Claudia. En ce moment je suis avec un homme fabuleux, mais je n'arrête pas de saboter notre relation, en étant méfiante, mesquine, lourde par moments et même de temps en temps agressive. Et lui reste tendre, attentif, taquin, généreux. Avec Roselyne, on a découvert que j'avais une résistance à l'amour de Dimitri pour moi, comme si je n'y croyais pas, comme si j'avais peur que ce soit trop beau, ou qu'il profite de moi. J'ai à la fois l'idée que ça ne peut pas durer et la méfiance qu'il se serve de moi.

— Pourquoi se servirait-il de toi ? demande Nicolas.

— Je ne sais pas, j'ai toujours cette impression que si l'on est avec moi, c'est pour me piller, m'utiliser, me faire les poches, ou pour me nuire au final.

— Tu as un sacré problème de paranoïa !

— Oui, je m'en rends compte. Je pense que ça vient de mon enfance. On me piquait toujours mes jouets, mes idées à l'école, et je sentais l'hypocrisie des autres quand ils me disaient que ce que je faisais était génial. J'avais toujours l'impression qu'on complotait dans mon dos, qu'on parlait de moi en mal. J'étais très timide, il y avait plein de choses que je n'osais pas faire, de peur que l'on se moque de moi, ou que les gens parlent mal de moi ensuite.

— Tu pensais que tout le monde t'en voulait, ou souhaitait ta perte, ou parlait de toi ? demande Estelle qui essaie de clarifier.

— Oui, et je m'auto-rejetais des groupes, ou alors j'en faisais des caisses pour que l'on me trouve sympa. Un ego au ras des pâquerettes.

— Au ras des pâquerettes ? reprend Estelle en sursautant. Pourquoi dis-tu cela ?

— Parce que je me trouvais nulle !

— Et donc il y avait beaucoup de souffrances, de blessures...

— Sûrement, oui. Ah, mais oui, OK, je vois où tu veux en venir, en fait, j'avais un énorme ego.

— De mon point de vue, oui, ou plutôt de grandes blessures égotiques, répond Estelle. Ce n'est pas grave en soi, c'est juste qu'il vaut mieux ne pas se raconter d'histoire, sinon on risque de recommencer. Avoir un ego au ras des pâquerettes, comme tu dis et comme je l'entends très souvent de la part de gens qui ont une mauvaise estime d'eux-même, ce serait être bien dans ses baskets, sans complexe, assumant tous ses dysfonctionnement, ayant beaucoup de compassion pour soi-même et aucun problème relationnel. Ce serait avoir atteint une grande simplicité, ce qui est tout le contraire de l'orgueil. La simplicité, l'humilité, le sentiment d'être en permanence *à sa juste place*, en harmonie avec soi et le monde. Ce serait être détaché de toutes ces choses qui emprisonnent et empêchent de vivre pleinement ses choix de vie dans la joie de l'expérience qu'ils procurent, sans se soucier de savoir si cela va plaire ou s'il on va être aimé pour cela. Avoir un ego au ras des pâquerettes, ce serait être détaché de sa petite personne, avoir atteint le fameux *oubli de soi*, que l'on confond souvent avec le sacrifice, ou l'abnégation. Ce serait savoir reconnaître ses torts en toute simplicité, ne pas se vexer, ne pas prendre la mouche pour un oui ou pour un non, ne pas être susceptible, ne pas prendre pour soi tout ce que dit l'entourage. Ce serait ne plus connaître la jalousie, ne plus se perdre à se comparer. Et ce serait s'ouvrir à l'autre, quel que soit cet « autre » ! Ce serait être en amour inconditionnel avec soi et le monde ! Alors arrêtons de dire que l'on a un ego au ras des pâquerettes, on se fait du mal ! C'est très paradoxal, je sais, mais c'est parce que l'on cultive des croyances erronées que l'on ne va pas bien et que l'on se sabote. Si l'on partait du principe que tout le monde avait un ego surdimensionné, alors on s'accepterait beaucoup mieux les uns les autres. Et l'on travaillerait sur sa part d'ombre au lieu de penser que l'on n'a pas d'ego et que ce sont les autres qui ont un travail à faire sur eux.

Je suis loin d'être au ras des pâquerettes moi-même, comme vous pouvez le constater ! L'impatience est encore à fleur de peau par moments. Mais je ne dis pas ça contre toi, Claudia, ni contre vous tous, c'est juste que cela a réveillé une tristesse profonde. À mon âge, j'aimerais tant que l'humanité chemine vers la joie... la joie profonde. Je suis une indécrottable idéaliste. Pff...

Estelle reprend son souffle, elle est un peu flapie et Brigitte, toujours attentionnée lui apporte un verre d'eau.

Pour détendre l'atmosphère, Claudia intervient en disant que promis, elle ne dira plus jamais qu'elle a un ego au ras des pâquerettes et que même, ça la soulage de savoir qu'elle a un ego surdimensionné, que cela lui ôte la pression d'être parfaite. Et Nicolas ajoute qu'après le shampoing de Roselyne, c'est le savon d'Estelle. Ce qui fait beaucoup rire cette dernière qui ajoute qu'elle a besoin de s'occuper à discerner ce qui provoque en elle une telle impatience à chaque fois qu'elle entend quelqu'un dire qu'il a un ego au ras des pâquerettes. Finalement, elle est contente car elle vient de mettre le doigt sur un aspect d'elle-même qui lui nuit encore et elle va pouvoir s'en libérer très vite. Elle en fait part à ses amis.

— Et ce serait quoi ta phrase ? questionne Roselyne en l'imitant, ce qui fait rire tout le monde, même la concernée.

— Cela pourrait être quelque chose comme : « Je me libère de cette impatience que tout le monde assume son ego ». C'est ce qui me vient spontanément. Et comme c'est une chose sur laquelle je ne peux pas agir, il vaut mieux que je m'en détache.

Mais je pense que c'est plus subtil que cela et je vais méditer pour laisser venir quel est le déclencheur de cette impatience. D'ailleurs, ça y est, je pense que j'ai trouvé.

— Déjà ? Tu médites vite !

— Oui ! Je sais laisser venir rapidement ! Et ça donne ceci : « Je me libère de cette impatience que les gens se rallient à mes idées ».

— Oh, cette phrase me parle à moi aussi, dit Claudia. Je te la pique !

— Pas de problème, c'est fait pour ça. Je pense qu'elle peut d'ailleurs parler à pas mal de personnes...

— Pourquoi tu dis impatience et pas besoin excessif ? demande Brigitte.

— Parce que ce sont des besoins excessifs qui se traduisent par une impatience chez moi. Du coup, j'alterne et pendant que je pratique les IRTER ou le traitement mental-émotionnel en Reiki, je vois les besoins excessifs qui émergent. C'est une étape pour laisser émerger tout ce qu'il y a derrière cette impatience. Car c'est juste une phrase de démarrage. Il y aura quelques ajustements ensuite pour aller au cœur du problème, puis à la source. Que j'en finisse avec ça !

— Du coup, je peux aussi faire comme ça ! réagit Cléa.

— Oui, bien sûr, tu peux essayer ainsi si tu sens que ça te parle. Avec toutes tes impatiences, tu as de quoi faire ! Tu les notes et tu agis.

— Génial, je vais essayer tout de suite en rentrant !

— Oui, moi aussi dit Brigitte, parce que l'impatience, ça me parle. Et merci Estelle, tes sautes d'humeur me font du bien ! Je me sens moins seule !

— Eh bien tant mieux, à ton service ! J'aime assez la démystification...

— Alors de mon côté, intervient Nicolas, j'ai expliqué ton procédé à ma femme, mais elle n'y croit pas du tout, ça lui passe complètement au-dessus de la tête et quand je lui parle d'ego, elle me sourit d'un air narquois et me dit que je me prends la tête avec tout ça. C'est dommage, je ne peux pas discuter de choses profondes avec elle, tout est de l'ordre du matériel.

— C'est vrai qu'on se prend un peu la tête, convient Estelle en riant, allez, si on se prenait un peu le sexe !

- 18 -
Oser oser

Le petit groupe est d'accord avec Estelle, avec des nuances tout de même ! Mais l'ambiance est repartie sur les scènes de cinéma. Cependant, Claudia reste un peu sur sa faim et aimerait bien que l'on revienne deux minutes sur son problème de résistance à l'amour de Dimitri.

— Qu'est-ce que vous pensez de cette résistance à me laisser aimer ? demande-t-elle à ses amis.

— Moi c'est tout le contraire, dit Roselyne, je fonce tête baissée au premier sourire ! Ce n'est peut-être pas plus mal que tu aies quelques résistances.

— Oui, mais je sens bien que je ne suis pas totalement relax et que je ne profite pas complètement de ce qu'il m'arrive en ce moment et je me dis que c'est dommage.

— Si cela te pose un réel problème et que tu le vis ainsi, libère-t'en !

— Oui, je pense que je vais le faire. Mais ce n'est pas dangereux, Estelle ? Je ne risque pas de devenir dépendante de l'amour de Dimitri ?

— Tu vas juste te libérer de cette résistance qui te fait souffrir et qui t'empêche de vivre pleinement cette histoire, comme tu viens de le dire. Tu verras ce qui vient à la place de plus juste pour toi. Tu ne risques absolument rien. Au pire, il ne se passe rien. Et si tu as peur, viens me voir.

— D'accord, alors je le ferai chez moi. J'aurais pu m'y prendre plus tôt, mais j'attendais ton avis. Et si je vois que j'ai un problème, je viens sonner à ta porte.

Sur ce, Brigitte demande si d'autres ont des scènes de film à raconter, histoire de reprendre un peu le fil et de changer d'ambiance. Mais l'atmosphère n'y est plus vraiment alors elle propose un entracte boissons chaudes et gâteau qu'elle a confectionné le matin même. La proposition est bienvenue et pendant la collation, les conversations se font plus légères, avec des commentaires sur les scènes érotiques déjà évoquées, des taquineries à l'adresse de Nicolas, le seul homme de la troupe, que les filles aiment bien mettre en boîte quand elles se retrouvent en sa compagnie en dehors des ateliers.

— Et là, Nicolas, que penses-tu de la proposition d'Estelle de se prendre le sexe ? l'asticote Roselyne.

— Eh bien, vous serez bien surprises en lisant mon texte chez vous ce soir. Je ne sais pas ce qui m'a pris d'écrire ça, peut-être que je me suis libéré de quelque chose. Mais j'ai osé, comme l'a dit Estelle la dernière fois. J'ai osé oser.

— Et pourquoi tu ne nous le lirais pas maintenant ? propose Brigitte. Après les récits de Claudia et Roselyne, peut-être te sens-tu plus d'attaque ?

— Eh bien chiche ! Je ne sais pas ce que tu as mis dans ton gâteau, Brigitte, mais je me sens d'humeur frivole maintenant.

— C'est mon petit secret...

— Ah bon, parce que tu as mis quelque chose de spécial ? C'est vrai qu'il a un goût que je ne reconnais pas, s'étonne Estelle.

— Ce n'est pas la peine de chercher, vous ne trouverez pas. Et Nicolas nous a mis l'eau à la bouche avec son texte osé. J'aimerais bien l'entendre.

— Oui, moi aussi, appuie Cléa, à la fois intriguée et gourmande.

L'ambiance, l'énergie de la pièce s'est soudain modifiée. Chacune se cale bien dans son fauteuil, prend une pose détendue et attentive. Estelle ferme les yeux, imitée par Claudia. Nicolas est intimidé par la situation et il prend le temps, lui aussi.

— Prends le temps de te poser, de sentir tes appuis, lui conseille Cléa. J'ai appris ça à la sophro, ça va t'aider à te poser tout entier et à poser ta respiration et ta voix.

— Vous me mettez la pression les filles, je préfère quand vous me taquinez, au moins, je peux me réfugier derrière la bouderie.

— OK, réagit Claudia. Bon alors, on attend, c'est pour quand ton texte sulfureux ?

— Ouais, renchérit Roselyne, c'est pour quand la prise de sexe ?

— Haha ha ! OK, c'est bon, j'y vais. Et puis finalement, oui, fermez les yeux, je serai plus tranquille. Ce n'est pas facile.

Nicolas essaie de modifier un peu le ton de sa voix pour créer une ambiance plus propice à la scène, un peu comme l'avait fait Claudia, une voix un peu plus grave, plus chaude. Il se racle la gorge plusieurs fois jusqu'à ce qu'il obtienne ce qu'il souhaite, puis commence :

— « C'est le soir, la nuit descend doucement. Nous sommes presque seuls sur un site classé « Très belle vue ». À 900m d'altitude, en effet, la vue est magnifique sur la campagne environnante, vallonnée et teintée d'orange, comme le soleil couchant. Les quelques touristes commencent à repartir et nous voici bientôt seuls au monde. Nous admirons la descente du soleil derrière les collines. Dans quelques minutes, il fera nuit. Tu te tiens derrière moi, m'enlaçant de tes bras et calant ta joue sur ma courbure dorsale. Je sens ton souffle, ta respiration dans mon oreille. Je te tiens les mains et nous savourons ainsi le moment présent. Puis tu dégages tes petites menottes et me caresse le torse à travers ma chemise en soie, et me pince doucement mes tétons. Je rejette la tête en arrière de plaisir et je souris. Alors tes doigts se font plus hardis et descendent lentement, en me caressant, jusqu'à mon entrejambe que tu cajoles tendrement, me massant la verge à travers les tissus, et la faisant glisser entre tes doigts qui se resserrent un peu. J'aime que tu me caresses ainsi, doux moment de volupté. Le soleil a presque disparu derrière la colline. Tu passes ta tête sous ma chemise et tes lèvres embrassent ma peau, la lèche, tu t'enivres de sa texture et de son odeur. Puis tu passes tes mains, mine de rien, sous la ceinture de mon pantalon et saisis plus fermement mon sexe, toujours à travers mes sous-vêtements. Tu me branles doucement ainsi. Tu me demandes si j'aime. Oui, évidemment ! J'ai envie de me retourner et de te faire face, mais tu restes ferme dans ta position. Il fait nuit. Tu fais glisser mon boxer, juste ce qu'il faut pour sortir mon gland et tu continues tes caresses. Alors tu saisis mon membre à pleine main que tu fais glisser plus hardiment, alternant les temps forts et les temps doux et lents, voire plus aucun mouvement, juste de légères pressions. J'ai envie de te guider, mais tu me dis de rester tranquille, de ne pas bouger, de vivre l'instant, sensation après sensation, instant par instant, sans préméditer la suite.

Et puis tu me lâches. Plus aucun contact. « Ne bouge pas, je te regarde, je t'admire ». Alors tu fais descendre complètement mes vêtements et me contemple. Puis tu viens devant moi. Tu soulèves ma chemise jusqu'au dessus de mes pectoraux et tu lèches, tendrement, mes petites pointes durcies par le désir. Je finis par enlever ma chemise. Pendant que je m'y emploie, tu t'assoies sur le petit muret devant moi et viens me prendre en bouche. Il fait bon, je suis nu sous les étoiles qui commencent à apparaître, une brise légère me caresse la peau et je me sens à la fois vulnérable et fort devant tes yeux alanguis. Tu me prends la taille, juste au-dessus des hanches et t'occupes de ma verge brandie, offerte à tes douceurs. Tu me regardes de temps en temps et tu vois mon regard admirer la pose, le tableau. Je te caresse les cheveux pendant que tes coups de langues, tes sucions, tes aspirations gourmandes s'occupent à me donner du plaisir. En osmose avec la nature, tu me lèches et me suces, tu me goûtes et moi j'ai l'impression d'être un dieu au sommet de l'Olympe. Je goûte l'instant et je jouis longtemps...

Nicolas regarde sa feuille, tête baissée et prend son temps pour affronter le regard de ses copines. Il se mordille les lèvres, un peu nerveux et se redresse d'un coup, pose un poing sur la hanche et les regarde.

Les filles ont encore les yeux fermés. Elles attendent la suite, puis Cléa ouvre un œil et en le voyant ainsi campé s'exclame :

— C'est fini ? Hooo, dommage !

Ce qui sort le reste du groupe de sa torpeur.

— Mmmmhh, j'étais bien à t'écouter, Nicolas.

— Merci Estelle ! Je suis flatté.

— Oui, moi aussi, ta façon de lire, toute en délicatesse, avec des temps de pause pour nous faire languir, c'était vraiment bien.

— Merci Claudia.

— Moi, je te tire mon chapeau.

— Merci Roselyne.

— C'est le premier texte de ce genre ici. Savez-vous pourquoi ? demande Brigitte au petit groupe.

— Parce qu'il va plus loin ?

— Parce qu'il parle plus de sexe ?

— Parce que c'est le premier que fait Nicolas ?

— Parce que c'est un homme ?

— Oui, pour toutes ces raisons, explique Brigitte, mais pas la principale.

Tout le monde cherche. Nicolas sourit parce qu'il pense bien avoir la réponse.

— C'est parce que c'est la première fois qu'un texte de ce genre est écrit aux deux premières personnes du singulier. Nicolas s'est approprié son récit et s'est mouillé, sans jeu de mots, en disant « je » et « tu ». Et ça, ce n'est pas facile. Tu l'as fait exprès Nicolas ?

— J'y ai beaucoup réfléchi en effet, et j'ai beaucoup hésité. Ce n'était pas facile, contrairement à ce que l'on pourrait croire. Et puis je me suis lancé en me disant que je n'avais rien à craindre, que l'on était là pour tenter des expériences ensemble et je me sens en sécurité avec vous.

— C'est très important la sécurité, ajoute Brigitte, pas de confiance, pas de lâcher prise possibles autrement.

— Exactement et du coup, avec tout ce qui s'est dit et partagé sur les blessures de l'ego ces derniers mois, j'ai beaucoup réfléchi et j'ai pratiqué ADAHE sur moi, avec le traitement mental-émotionnel en Reiki et j'ai travaillé sur ma timidité. J'ai pris conscience que je prêtais trop attention au regard des autres, mais aussi, de fil en aiguille, que je donnais trop de pouvoir aux autres. Le pouvoir de me dire ce qui est bien ou mal, de me critiquer sans que je dise rien, ce qui me provoque beaucoup de frustrations et donc de la colère et du repli sur moi.

— Waouh, tu as fait ça tout seul ?

— Oui, en fait j'écoute beaucoup pendant les ateliers, je ne dis pas forcément grand-chose, je plaisante surtout, mais j'observe et j'emmagasine les informations qui me touchent. Et quand j'arrive chez moi, je prends des notes et j'applique les enseignements d'Estelle. Avec le Reiki, ça fonctionne vraiment bien et je me sens de plus en plus cool.

— Bravo Nicolas, je suis vraiment touchée de ton témoignage, lui répond Estelle. C'est extrêmement réjouissant pour moi de voir que tu mets à profit tout cela.

— Oui, ça a mûri petit à petit. Et j'ai compris aussi que j'attendais trop l'assentiment des autres et que j'avais la croyance que l'on me jugeait, ou me jaugeait en permanence. Ou que dès que je faisais quelque chose, tout le monde avait le regard braqué sur moi.

— En fait, tu te prenais pour le nombril du monde ! lui balance Roselyne.

— Eh bien oui en fait. Et quand tu as parlé de l'ego au ras des pâquerettes, je me suis bien reconnu. Ces dernières semaines, j'ai passé du temps à identifier mes peurs. Et derrière ces peurs, mes besoins et mes croyances. Et je me suis libéré de deux, trois croyances et des besoins excessifs qui leur étaient associés. Et à chaque fois il m'est venu un mot ou une image vraiment étonnants. Quelquefois c'était le visage un peu flou d'une personne que je connais. Je me disais au premier abord que ce n'était pas intéressant et j'attendais autre chose, mais finalement j'ai appris à accepter ces choses bizarres et inattendues sans faire intervenir ma raison et à chaque fois, je ressentais un énorme relâchement dans tout le corps, très profond et je m'endormais sans me poser de question. Et par la suite, dans ma vie de tous les jours, j'ai constaté que je m'autorisais plus de choses, je me posais moins de question pour savoir ce qu'on allait penser de moi, puis j'ai fini par écrire ce texte. Et j'ai vraiment pris mon pied à l'écrire !

— Tu peux continuer ADAHE parce que ça te réussit très bien et moi j'aime beaucoup ce que tu as écrit, commente Cléa avec un regard qu'elle s'amuse à faire langoureux.

— Merci Cléa, oui je vais continuer.

— On pourrait écrire ensemble ! Tu vois, on ferait un duo, tu commencerais un texte et je le continuerais à ma manière. Un coup toi, un coup moi.

— Pourquoi pas ! Et de fil en aiguille on écrirait un roman érotique épistolaire…

— Je suis jalouse, minaude Estelle, moi aussi je veux faire ça avec toi.

— Non, c'est moi ! s'insurge Roselyne, toi, tu as déjà tes amants, tu peux faire ça avec tes amants !

— *Tes amants* ? s'étonne Claudia.

— Oui, mes amants, répond la « vieille » dame avec une pointe de mystère.

— Décidément, tu es vraiment étonnante, ajoute Claudia, les yeux écarquillés.

Brigitte est partie à rire.

— Et deux chats, ajoute Cléa. Paul et Jacques.

— Tes amants s'appellent Paul et Jacques ?

— Non, Tiburce et Hypolite.

— Tes amants s'appellent Tiburce et Hypolite ?

— Non, ce sont ses chats !

— Mais non, les chats c'est Paul et Jacques.

— C'est qui alors Tiburce et Hypolite ?
— Les amants.
— Et pas Paul et Jacques ?
— Non, ce sont les chats.

Brigitte et Nicolas sont pliés de rire et c'est finalement tout le groupe qui se lâche devant l'incongruité de la conversation. Au bout de quelques minutes, Brigitte reprend ses esprits et demande à Nicolas s'il a fait lire son texte à sa femme.

— Non, pas encore. J'ai encore des peurs et des résistances de ce côté-là. J'ai peur de sa réaction. Qu'elle me regarde comme si j'étais malade.

— Elle sait que tu viens à cet atelier ? continue l'animatrice.

— Oui, je lui avais proposé d'y venir, mais elle ne s'y voyait pas du tout.

— Et toi, tu y viens quand même.

— Oui, c'est vrai, je me suis autorisé ça. Et en y réfléchissant, je trouve ça assez dingue. Je me suis finalement affranchi de certaines peurs sans que je m'en rende compte.

— Tu en avais envie et tu l'as fait.

— Oui. En fait, pour tout vous dire, je ne lui en ai parlé qu'après le premier atelier. Je suis venu au premier sans lui en parler. Et ensuite je lui en ai fait part. Elle était surprise, mais je lui ai alors expliqué que, comme on ne faisait plus l'amour, j'avais besoin de trouver un lieu pour m'exprimer, en tout bien tout honneur. Et que c'était quand même mieux que d'aller aux putes !

— Tu lui as dit ça ! s'étonne Claudia.

— Oui, c'est sorti tout seul et elle m'avait agacé avec son haussement de sourcils. Je me sentais jugé et j'en avais ras-le-bol de ses résistances à tout ce qui touche le sexe. Alors non, je ne lui ai pas montré mon texte parce que je n'ose pas imaginer comment elle réagirait !

— Oui, c'est tout à fait compréhensible, dit Brigitte. Et finalement, tu continues de venir.

— Oui et j'en suis fier, c'est ma petite victoire.

— C'est une victoire ?

— Carrément, une victoire... sur moi. Pas sur elle en fait. Car j'ai pris conscience que je ne suis pas en guerre contre elle, mais contre mes propre fonctionnements.

— En guerre...

— Oui... non, pas en guerre, mais c'est quand même une bataille. Ça me bouffe de voir que je fais tout en fonction d'elle. Je ne vois pas en quoi ça peut nous nuire que je vienne à cet atelier et, pour tout vous dire, c'est devenu vital pour moi. Je ne pourrais plus m'en passer. Je me sens de mieux en mieux avec moi et je pense que cela commence à se ressentir à la maison. Elle me regarde différemment. Elle a confiance parce qu'elle vous connaît toutes et sait qu'il n'y a pas d'ambiguïté entre nous. C'est d'ailleurs pour cela qu'elle ne me fait pas la gueule quand je viens ici. Je pense même que ça la soulage. Comme ça, elle n'a pas à s'y coller puisque je fais ma « thérapie », comme elle dit, ici.

— C'est assez marrant ce que tu dis, parce que dans bien des cas, j'ai l'impression que c'est l'inverse, dit Claudia, que ce sont les femmes qui font une thérapie, et les hommes qui attendent que leur femme aille mieux. Parce que eux n'ont pas de problème, bien sûr !

— Haha! Oui, ce n'est pas faux ! commente Brigitte. Sauf que dans mon cabinet, je rencontre autant d'hommes que de femmes, sinon plus... ça fait réfléchir... toujours est-il, Nicolas, que tu sembles bien avancer et heureux de cette initiative et de cette prise de liberté.

— Oui, tout à fait.

— Elle n'est vraiment pas jalouse ? demande Cléa à Nicolas.

— Non, pas du tout. Quoique... depuis ces deux dernières semaines, elle réagit un peu différemment avec moi.

— Peut-être qu'elle sent que tu t'émancipes ?

— Oui, peut-être, en tout cas elle me regarde différemment.

-19-
Le secret

— Bonjour Cléa, tu t'es enfin décidée à venir me voir ?
— Bonjour Estelle, oui, j'ai franchi le pas. Il y a trop de choses qui tournicotent dans ma tête et j'aimerais bien faire le point, en dehors de l'atelier sexo-ego.
— Je t'offre quelque chose à boire ? Un thé, un jus de fruit ?
— Non, merci, je n'ai pas soif.
— Alors viens t'asseoir par ici et dis-moi ce qui te chiffonne.
— En fait, c'est cette foutue impatience dont j'ai particulièrement pris conscience pendant un atelier. Je me rends compte qu'elle régit tout mon être, toute ma vie et mon SGT.
— Oui, je comprends, je suis passée par là.
— Et justement, comment tu as fait ?
— Ah, ça ! Ce qui est important ici, maintenant, c'est ce que tu ressens en toi.
— Une grande impatience !
— Haha ! Eh bien, on n'est pas sorties ! Mais dis-moi Cléa, ça n'a rien à voir, mais… tu vis seule ?
— Oui. J'ai un petit ami, mais on ne vit pas ensemble. Et toi, tu vis avec tes chats Tiburce et Hypolite ?
— Non, Paul et Jacques.

— Ah oui, c'est vrai ! Je ne pensais pas que l'on pouvait encore avoir des amants à ton âge. Déjà un, ça me paraissait surréaliste, mais deux ! Et ça marche encore alors ?

— Mais bien sûr, quelle idée ! Tu sais, à nos âges, ce ne sont pas vraiment les zizis qui fonctionnent moins bien, ce sont les articulations.

— Excellent ! Je m'en souviendrai... Je vais continuer la natation longtemps alors.

— Oui, n'arrête jamais ! Bon si on revenait à ce qui t'amène ici.

— Oui, je veux bien.

— L'impatience...

— Oui, l'impatience. L'impatience de tout.

— L'impatience est inhérente au syndrome de Tourette. Mais elle est également inhérente à l'humain. Regarde les petits enfants, comment ils s'impatientent dès qu'ils n'obtiennent pas ce qu'ils veulent ! L'impatience face au fait que tout n'est pas sous notre contrôle. Le temps, le climat, les gens, les objets, les évènements, les émotions, les pensées, tout en fait. Je connais plus de gens impatients que le contraire. Et parmi les personnes patientes, je compte plus celles qui prennent leur mal en patience que celles réellement, fondamentalement patientes. Travailler sur l'impatience, c'est vraiment faire du travail de fond et sur le long terme. Car derrière elle, il y a bien sûr le système nerveux, et ça, on connaît bien toutes les deux, mais elle repose aussi sur nos désirs de perfection, que tout se passe comme on le voudrait. Elle est également liée au rythme, quand ça ne va pas assez vite, quand les personnes autour de nous ne comprennent pas tout de suite ce qu'on leur explique, notre hâte d'avoir terminé avant même d'avoir commencé, notre manque de tolérance envers ceux qui ne sont pas comme nous, envers tout ce que l'on ne comprend pas non plus, impatience aussi dans l'attente de résultats, ou d'une personne, bref, l'impatience est une caractéristique humaine très, très répandue. Tu comprends bien que travailler sur l'impatience, c'est travailler sur tous nos fonctionnements nuisibles et sur nos blessures égotiques en profondeur. D'autant plus que chez nous deux, tout est exacerbé. Nous sommes hyper hyper sensibles et le problème est qu'on ne peut pas le cacher. Tout se voit ! Tout se manifeste physiquement ! C'est un peu comme si on voyait tous les mécanismes intérieurs d'un robot qui serait transparent. Chez les autres il se passe peut-être les mêmes choses, mais ce n'est pas transparent. Chez nous, c'est comme pour le robot transparent. On voit tout. Et tout est exacerbé. Ça déborde du robot, ça dépasse l'enveloppe, la carcasse, c'est exubérant. On ne peut pas cacher grand-chose ! Ce n'est pas pour autant que ce qui s'exprime par les tics et les comportements adjuvants est clair comme de l'eau de roche. Un vrai casse-tête. Du coup, autant se servir de toutes ces manifestations, toutes ces sonnettes d'alarme pour décrypter tous les fonctionnements internes. L'impatience se manifeste de différentes manières et notamment par les tics. Mais pas que.

— Oui, je comprends bien tout ça. On ne va rien pouvoir faire alors...

— Si, mais ce n'est pas magique ! C'est tout un ensemble. Ce n'est pas en une séance que tu vas boucler ce problème ! Bon, on va commencer par le commencement. Tu la ressens comment dans ton corps, cette impatience ?

— Eh bien, ça bout en permanence, dans tout mon corps.

— En permanence...

— Oui. C'est-à-dire que je ne suis jamais apaisée, jamais vraiment calme. Je sens toujours quelque chose en mouvement, même si je ne bouge pas, parce que ça m'arrive quand même de temps en temps. Rarement, mais j'arrive quand même à me poser, grâce à la sophrologie.

— Et quand tu te poses, tu sens que ça bout aussi ?

— Oui, il faut du temps avant que je sente que ça redescende.

— Que ça redescende ?

— Oui… mais tu le sais bien !

— Peut-être, mais peu importe, il est nécessaire que tu l'exprimes avec tes mots à toi.

— Je comprends. Ce que je veux dire, c'est qu'il faut du temps avant que mes muscles se décontractent et que je ne ressente plus le flux d'énergie à l'intérieur, que ça ne fasse plus mal et aussi qu'il y ait moins de remous. Tu vois, c'est un peu comme quand tu agites de l'eau dans un bocal, ou que tu lances des cailloux dans l'eau. Quand tu arrêtes, ça ne se calme pas tout de suite, l'eau continue de tourner, il y a des remous et des ondes qui se propagent pendant un bon moment. Eh bien, pour moi, c'est comme s'il y avait des centaines de cuillères qui tournent l'eau dans le bocal et autant de cailloux jetés à l'eau, donc ça met vraiment du temps ! C'est quasiment infini, car lorsque je commence à ressentir du calme, je repars à faire des tics ou à m'agiter ou m'impatienter. J'ai du mal à attendre que ça se calme et quand c'est calme, j'ai du mal à l'accueillir, à savourer cet instant, ce moment de sérénité musculaire. Comme si je n'y croyais pas, ou comme si ce n'était plus moi tout à coup. Je ne me retrouve plus. C'est très inconfortable d'être calme par moment. Et pourtant, avec la sophro, je me rends compte que j'apprivoise de plus en plus ces temps de pause, que je les apprécie de plus en plus et que ça me fait du bien. Mais j'ai encore du mal à les accepter comme une nouvelle possibilité de vie.

— Tu as déjà bien avancé dans ton analyse. C'est vrai qu'il est difficile de quitter un mode de fonctionnement, même délétère, douloureux, pour un autre sans doute plus harmonieux.

— Oui, je me rends compte que je suis assez attachée à ces fonctionnements douloureux et pénibles. J'entrevois bien la possibilité de vivre autrement, mais ce n'est pas encore ça.

— Est-ce que je peux te faire part de mon expérience à ce sujet, entrevoir les choses autrement ?

— Oh que oui, je n'attends que ça !

— D'une part, tu vas peut-être pouvoir te libérer de cet attachement excessif à tes fonctionnements délétères, puis affiner, et d'autre part, tu en es où en sophrologie, qu'est-ce que tu as appris ? Tu connais quelles relaxations dynamiques ?

— Juste le premier et le second degré. Et j'avoue que lorsque je pratique, je me sens vraiment bien ensuite. Je sens que j'ai quand même changé depuis. Que je suis finalement moins impatiente aussi.

— Ah, ben alors ?

— Oui, mais ça ne me suffit pas ! Je voudrais être calme tout le temps. Je voudrais être guérie, quoi !

— Je vois. Et as-tu pratiqué des visualisations ?

— Oui, mais c'est très difficile de me voir de façon positive, sans aucun tic par exemple.

— C'est parce qu'il ne s'agit pas de se voir de façon positive, mais de se *concevoir, même l'espace d'un instant,* de la façon la plus juste pour soi. Alors il est possible que tu ne te voies pas telle que tu le désires, sans tic, mais peut-être peux-tu entrevoir chez toi une parcelle d'autre chose plus juste, et sentir en toi, en même temps une autre ambiance intérieure. C'est important de sentir son corps en même temps, pour imprimer les informations, sinon, ça reste du vent et ça ne tient pas dans le temps. Par rapport à ton impatience, par exemple, est-ce que ça te dirait de faire l'expérience de te visualiser, te projeter, te concevoir dans une situation quelconque, de la manière la plus juste pour toi ? Et d'observer ce qu'il se passe, sans rien attendre, sans interférer avec ta volonté.

— Oui, je veux bien. Je fais venir une situation ?

— Je pense que c'est mieux de laisser venir, car on ne travaille pas le contrôle, mais le lâcher-prise, l'accueil de ce qui se

présente, tout en restant à l'écoute, « aware », comme dirait Jean-Claude Van damme.
— Tu connais Jean-Claude Van damme ?
— Oui, j'adore !
— Ah ben merde ! Et tu as vu ses films ?
— Quelques-uns... très esthétiques. J'aime beaucoup sa plastique. Et j'adore sa philosophie.
— Tu plaisantes ?
— Absolument pas. D'ailleurs je me sens top aware. À ne pas confondre avec tupperware qui est parfaitement hermétique.
— Tep... quoi ?
— Oui, tu sais, les boîtes en plastique increvables.
— Ah ! Tupèrouare ?
— Oui, mais prononcé avec l'accent américano-belge. Tepewèhre.
— Ah, O.K ! Oh là là, ça a mis le temps...! Tu me fais mourir de rire !
— Tant mieux, faut bien mourir de quelque chose ! Allez, je te guide, on y va ?
— Pour quoi ?
— Eh bien, pour la séance de sophro !
— Ah oui, excuse-moi, je n'y étais plus. Il faut te suivre aussi !
— Tu es prête ?
— Oui.

La séance dure une dizaine de minutes. Pendant tout ce temps, Estelle guide Cléa avec maîtrise, d'une voix claire et assurée, limpide. Puis la séance se termine par la désophronisation, le retour à un niveau de vigilance ordinaire. Estelle se tait. Cléa, qui était parfaitement calme pendant la séance reprend petit à petit du tonus, elle s'étire, baille, se tapote le visage, puis ouvre un œil et reprend une posture plus tonique. Estelle lui laisse le temps de reprendre ses esprits et lui demande ce qu'elle a vécu, expérimenté, senti pendant cette courte séance.

— J'ai bien senti qu'au fur et à mesure, mon corps lâchait, se détendait et que les grouillements intérieurs se dissipaient. Et du coup, pendant la visualisation, je n'ai pas pu me voir vraiment, mais j'ai perçu, j'ai entrevu la possibilité d'être plus apaisée au moment de faire un truc. En fait, j'avais l'idée de me voir prendre une carafe et me verser de l'eau calmement, sans m'impatienter, sans tic, mais plus je voulais ça et plus je sentais mon corps en alerte. Du coup, je me suis souvenu de ce que tu as dit, sans interférer avec la volonté, mais laisser venir, au plus juste. Alors je ne me suis pas vue me servir de l'eau sans tic, mais j'ai senti dans mon corps que c'était possible, juste un instant. J'ai senti que je pouvais faire les choses posément. Et j'ai ressenti de la confiance. Pas longtemps, mais c'était bien quand même.

— De la confiance ?

— Oui. Confiance dans le fait qu'autre chose est possible. Et là je me sens calme. Je ne ressens plus d'impatience. Pour le moment.

Estelle lui sourit. Elle lui explique que c'est cela qui est intéressant dans les projections, ce que cela génère comme ambiance intérieure, comme énergie. Rester en contact avec ses sensations, ses émotions, son état d'esprit. Juste vouloir voir le geste parfait ne suffit pas et est quelquefois source de malaise car trop exigeant et générateur de stress, d'inconfort aux niveaux mental et corporel et source de sentiments d'échec et de désespoir. Cela ne veut pas dire que l'on ne peut jamais se visualiser de façon idéale, mais dans un premier temps, cela peut être très difficile, surtout lorsque l'on a une addiction. Et le syndrome de Tourette en fait partie. Les personnes atteintes du SGT sont addictes à leurs propres hormones de stress et à la dopamine, entre autres. C'est pour cela que l'on ne peut pas faire n'importe quoi avec n'importe qui.

— J'ai le sentiment que je n'arriverai jamais à me défaire du SGT. Comme tu dis, c'est comme une drogue.

— Bien sûr que tu peux, en lâchant l'idée d'y arriver.

— Je ne comprends pas.

— Il ne s'agit pas d'y arriver. Y arriver est un faux problème. Le problème est que l'on ne s'autorise pas. On s'empêche.

— Ah ça me rappelle quelque chose…

— Oui, on en a déjà parlé. Cesser de vouloir y arriver. S'autoriser à vivre des expériences sans rien attendre. Se donner du temps aussi. Vouloir y arriver crée trop de stress. Et crée de la frustration et donc du mal-être. Je vais te confier un secret.

— Waouh, merci, j'écoute…

— Dans ma vie, j'ai rencontré un nombre incalculable de personnes qui m'ont dit « Quand on veut on peut », ou « Si vous ne vous dites pas que vous pouvez guérir, vous ne guérirez pas », « Si on se dit qu'on va guérir, on peut guérir » et un tas de lieux communs du même acabit. Cela ne m'a jamais aidée. J'avais à chaque fois envie de les baffer jusqu'à ce qu'ils fassent trois tours dans leur slip sans toucher les élastiques !

— Haha ha ! Je comprends, j'adore !

— Toutes ces paroles convenues, toute faites, je les vomis. J'ai compris que le fait de vouloir guérir me stressait. Que le fait même de croire que je pouvais guérir me mettait la pression. Alors je m'en suis libérée.

Estelle marque une pause en allant se chercher un fruit.

— Je t'offre un fruit Cléa ? Une banane, un kiwi ? Ou tu as peut-être soif ?

— Oui, je veux bien une banane et un verre d'eau ! Mais merde, tu t'es libérée de quoi ?!!

— Attends, j'arrive… Je croyais qu'en me libérant de la croyance que je ne peux pas guérir, j'allais accéder à plus de liberté et que la guérison allait venir comme par magie, sans plus avoir besoin de travailler sur ma conscience.

— En même temps, d'après ce que je vois de toi, tu dois être en pleine conscience tout le temps, non ? C'est ce que j'aimerais aussi.

— Si ça te fait plaisir. Mais la pleine conscience n'existe pas.

— Ah bon ?
— La conscience est illimitée. Étant illimitée, comment pourrait-elle être pleine ?

Cléa regarde Estelle la bouche entrouverte.

— Oui, c'est vrai, je n'y avais pas pensé. Tu es top aware alors...

— Voilà, ça me va très bien. Top aware dans les moments de grande conscience et tupperware quand ce n'est pas vraiment ça.

— Je trouve le concept intéressant ! Alors, ton secret ?

— Aaaah, mon secret. Ou plutôt mes secrets... Cela n'engage que moi tu sais. Ça ne te parlera peut-être pas du tout. Mais si je t'en fais part, c'est tout de même que j'ai le sentiment que cela pourra t'être utile un jour. En fait, je pense avoir compris qu'au fond de moi, j'avais cet espoir, cette conviction, cette croyance plus forte que tout qu'au final, je pouvais guérir, sinon pourquoi faire tout cela ? Quand on a l'intime conviction que l'on ne peut pas guérir, on ne fait rien, non ? Alors si je fais tout cela, c'est que je sens profondément que je peux guérir, même si c'est fou. Mais cela me met une pression terrible du coup, comme s'il y avait un challenge. Alors je me suis libérée de trois choses fondamentales pour moi. Cela t'intéresse toujours ou tu penses que je déraille ?

— Non, non, je t'écoute attentivement.

— Alors voilà, lui dit Estelle avec beaucoup d'application, je me suis libérée de *la croyance que je peux guérir* ainsi que de *la croyance que je peux être libre*. Et enfin *de ma résistance à l'Amour de Dieu*, à être aimée de Dieu.

— Merde, j'ai rien compris.

— Mmmhhh, tu n'auras qu'à relire.

— Pardon ?

— Je plaisante. Cela viendra en son temps. Et puis pour l'impatience, je me suis rendue compte, avec l'aide d'une amie avec qui nous échangions sur nos états-d'âme, il y a longtemps, qu'elle était générée par une énorme tendance à l'exigence. J'étais alors très exigeante envers moi-même et également envers les autres, envers la vie, envers tout en fait. Ce qui me mettait très souvent en colère intérieure, laquelle se manifestait par des tics incessants, de tout genre et beaucoup d'intolérance dans mes comportements. Alors j'ai creusé, avec ADAHE, et j'ai compris que j'avais un désir excessif d'absolu. Je me suis donc libérée de cette tendance à l'impatience, puis de cette tendance à l'exigence envers moi-même et les autres. Mais enfin et surtout, je me suis libérée de ce *désir excessif d'absolu*. Est-ce que tu comprends ?

— Oui, là ça me parle vraiment. J'en ai des frissons.

— Et depuis, lorsque je me rends compte que je suis dans l'impatience, que j'en ai conscience, alors je lâche, je me pose, j'accueille, puis plus tard vient l'acceptation. Mais cela demande une grande connaissance de soi. D'où l'intérêt de la pratique de la sophrologie, de la méditation ou toute autre méthode qui reconnecte à soi et au monde, sur le long terme, comme un mode de vie, une hygiène psycho-spirituo-corporelle au quotidien. Rome ne s'est pas faite en un jour.

— Oui, je comprends bien la démarche.

— Tu connais ce livre ? demande Estelle en le tendant à Cléa.

— *Haute en tics…* non.

— Je te le recommande, tu y apprendras beaucoup de choses sur toi, sur les mécanismes de ton hypersensibilité. À mettre entre toutes les mains des psycho-comportementalistes et autres faunes curieuses de l'humain et de ses potentiels. Bon, je nous prépare un chocolat chaud, avec du rhum ?

— Volontiers ! Mais sans rhum, pas la peine. Rien qu'à t'écouter je suis groggy. Et je me sens bien, remplie d'espoir et habitée du sentiment que quelque chose s'est déjà libéré en moi, sans que je sache quoi.

-20-
Délivrances

Mi-avril. Le soleil est éclatant et la température printanière. La nature resplendit de fraîcheur et de nouveautés, pour qui sait regarder. Claudia et Roselyne se sont donné rendez-vous pour pique-niquer sur leur banc préféré. La rivière est étincelante et les lunettes de soleil sont de mise.

— Dis-donc, tu as bonne mine Roselyne, tu sembles aller plutôt bien !

— Toi aussi tu as bonne mine, princesse, mais tu as quand même les yeux un peu cernés...

— Oui, je suis super heureuse, tout se passe bien avec Dimitri. J'ai lâché ma résistance à être aimée de lui et depuis, je ne suis plus sur la défensive, je suis plus coulante et je profite mieux de chaque occasion qui nous est donnée de vivre des choses ensemble. Je n'ai plus peur qu'il m'utilise.

— Waouh, c'est génial ! Et vous en êtes où, vous vivez ensemble ?

— Non ! On ne le souhaite pas pour le moment, mais on se voit deux jours chez l'un, deux jours chez l'autre et le reste de la semaine, on vit chacun de notre côté.

— C'est marrant comme arrangement ! Et ça fonctionne ?

— Moyennement ! Les jours où l'on n'est pas ensemble on n'arrête pas de s'envoyer des textos.

— Vous êtes amoureux, quoi !

— Oui et du coup je suis fatiguée. Parce qu'on s'écrit même le soir très tard et aussi quelquefois la nuit.

— D'où les cernes !

— Oui, mais aussi parce que lorsqu'on passe nos nuits ensemble, on fait l'amour toute la nuit. C'est pour ça qu'on ne veut pas vivre totalement ensemble parce que sinon, on serait crevés !

— Ah oui, et tu penses que tu l'es moins en ne vivant pas avec lui ?

— Non ! Mais on pense aussi que si on vivait ensemble, il y aurait moins de manque et du coup moins de désir et on ne veut pas que ça s'éteigne, tu vois ?

— Je vois. En tout cas, vous faites cette expérience pour le moment et vous verrez bien où ça vous mènera, rien n'est définitif !

— Oui, voilà. Et toi, quoi de neuf ?

— Eh bien moi je vais plutôt bien, en effet, j'ai scrupuleusement suivi la démarche ADAHE avec Estelle et à force de décortiquer tout ce qui m'attachait à Jonathan, j'ai fini par bien me libérer de lui, enfin, du lien que j'avais créé entre moi et lui.

— Bravo, c'est une bonne nouvelle. Et, juste comme ça, tu l'as revu ?

— Oui justement, c'est pour cela que je peux dire que je suis libérée. J'ai pu constater que je n'avais plus aucune souffrance à penser à lui ou à discuter avec lui, ou à le voir en compagnie d'autres femmes.

— Ah, parce qu'il a d'autres nanas ?

— Oui, en fait, la beauté qui l'accompagnait lors de son meeting n'était qu'une passade apparemment. Et il fonctionne ainsi avec beaucoup de femmes. Je ne lui en veux plus et ne le condamne plus. Je respecte sa façon de vivre, même si je n'adhère pas. Mais ce n'est pas parce que je n'adhère pas que je ne dois pas respecter ses idées et ses fonctionnements. D'ailleurs je remarque que l'on confond souvent adhérer et respecter.

— Attends, je réfléchis... Oui, je peux ne pas adhérer aux idées de Dimitri en matière de décoration, mais les respecter et le respecter. D'ailleurs, ça se passe mieux depuis que j'ai lâché et que je suis dans cette optique-là. Et il y a plus de dialogue d'ailleurs. Et plus d'humour. Et plus d'amour ! Et plus de parties de jambes en l'air ! Tu veux que je te raconte notre dernière partie de golf ?

— Ah, oui !

— Alors pour tout te dire, j'étais un peu déçue parce qu'il m'a un peu plus laissée me débrouiller toute seule. Tu vois, il était moins collé à moi et me donnait plus de conseils sérieux. Un vrai coach, quoi. Très pédagogue même et quand je faisais des bêtises, il restait sérieux.

— Il le faisait exprès ?

— Peut-être. Et on a joué deux heures comme ça. Heureusement, il faisait super beau et c'était très agréable d'être dehors, sinon, j'aurais trouvé ça un peu long. On est passé devant le petit bois, mais rien, même pas d'allusion à notre dernière escapade. Je me suis fait une raison. En même temps, je le trouvais super sexy en prof de golf. Alors j'ai changé de posture et me suis transformée en élève modèle, suivant bien tous les conseils de mon coach. J'ai bien progressé en une seule séance et il était surpris et plutôt fier de son élève. Je me suis beaucoup appliquée.

— Et ça t'a plu ?

— Oui, et j'ai surtout aimé jouer à la bonne élève. Du coup, je ne le regardais quasiment plus, et n'essayais même pas de l'aguicher.

— En même temps, tu n'en as pas vraiment besoin, vu comment tu es foutue, tu n'as pas besoin d'en faire des tonnes, il te suffit d'être toi-même.

— Merciiiii !!! C'est drôlement gentil ! Eh bien justement, c'est ce que j'ai constaté. Moins j'en faisais et plus c'est lui qui me regardait. Au final, il ne me quittait pas des yeux, et je faisais semblant de ne pas le remarquer.

— Haha ! Tu me fais marrer ! On dirait vraiment des jeux d'adolescents : « Eh, tu sais, Dimitri il ne me regarde jamais, je crois que c'est parce qu'il m'aime. Mais moi, je ne veux pas qu'il pense que je l'aime, alors je ne le regarde pas non plus. Et même, je lui dis des choses méchantes pour ne pas qu'il croie que je suis folle amoureuse de lui... ».

Claudia pouffe de rire en entendant Roselyne la mimer avec une voix d'ado, la bouche en bec de canard et en se tortillant les cheveux. Cliché, mais efficace.

— Punaise, enchaîne la jolie princesse amoureuse, c'est exactement ça ! C'était comique à observer tout en étant dedans.

— Et donc, pas trop déçue ?

— Un peu quand même, c'était moins glamour que la fois précédente, mais ça ne manquait pas de piquant. Une autre expérience. En fait, on est de grands joueurs…

— Pas de sexe alors…

— Non. Mais quand nous avons terminé la partie, il n'y avait plus que nous et deux autres personnes au club. Et Dimitri m'a invitée à boire un verre. Il attendait qu'ils partent en fait.

— Haaaa, tu commences à m'intéresser…

— Merci, c'est sympa pour tout ce que je t'ai raconté avant !

— Mais si, c'était très intéressant, mais bon, tu vois ce que je veux dire…

— Voui voui…

— Et donc ?

— Et donc nous sommes sortis du club à la fermeture et avons attendus d'être totalement seuls sur le parking, en discutant tranquillement, comme si de rien n'était, près de la voiture. Je commençais à trouver le temps un peu long et lorsque Dimitri a eu la certitude que tout le monde était parti, il a totalement changé d'attitude. Il a enlevé son pull et l'a étalé sur le capot de la voiture. Puis il s'est emparé de ma taille, m'a collée à sa bouche et m'a embrassée comme jamais. Et puis il m'a soulevée et m'a assise sur son pull. Il a relevé mes vêtements jusqu'en haut de mon torse et a écarté doucement mon soutien-gorge pour faire apparaître mes seins. Du coup, ils bombaient à l'air.

— Hou, c'est chaud !

— Oui, j'adore ! Et ensuite, il m'a enlevé mes baskets et fait glisser mon jean jusqu'en bas et me l'a ôté. Mais en me laissant ma culotte. Alors il m'a écarté les cuisses et s'est mis à me frôler le dessous des seins, puis à les caresser et les malaxer doucement. J'étais en appui sur mes mains et je me laissais faire, en priant pour qu'une voiture n'arrive pas. Il a le chic pour me mettre dans des situations inconfortables. On dirait qu'il aime me faire prendre des risques et en prendre également. Il nous met en sécurité, mais c'est toujours fragile car n'importe qui peut surgir à tout moment.

— Et ça te plaît ?

— C'est terriblement excitant. L'idée que l'on nous surprenne et que l'on nous sermonne ou nous insulte ne me plaît pas du tout. Mais l'idée que quelqu'un puisse nous surprendre sans rien dire en restant tapis dans son coin et en profitant de la scène, le côté voyeuriste justement, m'excite terriblement.

— Moi je ne pourrais pas.

— Oui, chacune son truc. Ensuite il m'a léchée à travers ma culotte, puis a passé sa langue sous l'étoffe, alors là, j'étais très, très partante. Et puis il a ôté ma lingerie et m'a allongée sur le capot et m'a tenue par la taille en continuant de me lécher très voluptueusement, et à me pénétrer doucement avec la pointe de sa langue. J'étais totalement offerte et je le suppliais de me prendre. Il a alors sorti son magnifique sexe et s'est doucement introduit en moi. J'adore le moment de la pénétration, sentir lentement le sexe glisser dans mon vagin quand il a été savamment préparé, savourer chaque sensation. Et il le sait. Il s'est appliqué, c'était à hurler tellement j'étais aux anges. Je retenais mes gémissements pour ne pas ameuter. On ne sait jamais. Et j'ai fini par ne plus pouvoir tenir tellement c'était bon et fort. Je me relevais un peu de temps en temps pour admirer la scène, nous regarder, le regarder me faire l'amour. Son regard vert magnifique qui me caressait avec tendresse, sa chevelure de feu, je ne sais pas combien de temps on est restés ainsi, à s'embrasser, s'enlacer, se regarder dans ce mouvement suave de va-et-vient, mais je sais que j'étais au nirvana. J'aurais voulu que l'on reste ainsi emboîtés toute la vie !

— C'est magnifique ! Je suis heureuse pour toi. Tu as beaucoup joué aux légos quand tu étais petite ?

— T'es bête !

— Ah ben, ça peut prédisposer.

— psychanalyse de trottoir !

— De banc de rivière. Nuance. Et quand vas-tu nous raconter tout cela par écrit dans l'atelier de Brigitte ?

— Alors là, ce n'est pas fait… C'est juste parce que c'est toi.

— Alors merci de me raconter tout ça, j'ai un peu l'impression de le vivre avec toi et ça me donne l'espoir que je peux moi aussi vivre un bel amour un de ces jours.

— Tu n'es pas jalouse ?

— Pas le moins du monde ! Et en plus, avec tout ce que j'ai découvert de moi en faisant ce travail, je pense que je suis vraiment prête pour une vraie belle histoire franche, joviale, sans honte ni tabou. Tu vois, j'en suis arrivée à une certaine sérénité et surtout à pardonner. À pardonner à Jonathan et à tous ceux qui m'ont maltraitée avant lui. Parce que je sais que j'ai aussi ma part de responsabilité et j'ai appris à me prendre comme je suis. Et je prends Jonathan comme il est. Et je me suis aussi pardonnée. Cela s'est imposé à moi, je n'ai pas eu à le décider. C'est le résultat de tous mes détachements. Mais attention, ce n'est pas pour autant que je suis totalement cool et que j'oublie, heureusement, sinon je serais fichue de recommencer et de replonger dans la gueule du loup ! Je tire enseignements de mes expériences et puis voilà.

— Chapeau ! J'admire, je n'en suis pas là !

— Faut bien que les souffrances fassent avancer ! Que ça ait un sens. Heureusement que Nicolas nous a proposé de participer à cet atelier d'écriture coquine, ça m'a sauvée avec toutes les rencontres que j'y ai faites. Et surtout la mienne. Je suis bien allée à ma rencontre.

— Qu'est-ce qu'il a Nicolas ? demande le concerné qui vient d'arriver par derrière le banc.

Les filles sursautent.

— C'est malin ! s'écrie Claudia, je me suis renversé du café sur mon pull !

— Ah ? Désolé. Vous en êtes au café ? Je veux bien une tite goutte si vous en avez encore.

— Tiens. Viens t'asseoir entre nous, lui propose Claudia.

— Qu'est-ce que tu fiches dans le coin ? lui demande Roselyne.

— J'étais à un entretien d'embauche à cinq minutes d'ici, pour une boîte qui recrute des dessinateurs pour une revue féminine.

— Génial, c'est pour toi, ça ! Tu nous diras ce que ça aura donné.

— Oui. Et puis je me suis dit que je vous trouverais peut-être dans le coin, vu que ça semble être votre endroit pour pique-niquer et papoter.

— Tu es très observateur...

— Ça fait partie du métier de dessinateur.

— Et tu voulais nous voir ?

— Oui parce que j'ai une bonne nouvelle à vous annoncer et que je ne pouvais pas attendre le prochain atelier sexo.

— Dis-nous vite alors !

— Vous vous souvenez du texte que j'ai écrit la dernière fois ?

— Oui, bien sûr...

— Eh bien, j'ai fini par le faire lire à ma femme, comme ça, un soir pendant qu'on regardait un film, pendant la pause pub. Je n'ai pas vraiment réfléchi. De toutes façons j'étais au bout du bout et je ne savais plus quoi faire, alors ça s'est fait tout seul.

— Et...

— Elle l'a lu, un peu étonnée au départ et puis finalement elle a fondu en larmes. Et ensuite on a beaucoup discuté. En fait, elle culpabilisait énormément et ce texte lui a fait comprendre combien elle avait honte.

— Honte ?

— Oui. Honte de ne pas pouvoir me donner ce que je désirais, honte de ne pas oser se montrer à moi.

— Ah, oui ?

— Oui, en fait depuis sa grossesse, elle a vu son corps se transformer et elle a pris du poids qu'elle n'a jamais réussi à vraiment perdre.

— Mais elle est mince ta femme !

— Oui, mais elle se voit grosse et difforme. Avec de la cellulite partout et des vergetures. Moi je ne vois rien de tout ça, mais elle, ça l'obsède. Et du coup, elle n'ose plus se montrer devant moi et elle pense qu'elle n'est plus désirable. Alors elle a adopté une attitude défensive et un peu sarcastique pour garder une certaine tenue, sinon elle déprimerait grave. Et lorsque je me suis inscrit à cet atelier, elle n'a rien dit parce qu'elle pensait que sinon, je partirais, parce qu'elle sentait bien que c'était important pour moi. Mais en fait, elle souffre à chaque fois que j'y vais et que j'en reviens heureux. Elle m'a avoué être très jalouse et se sentir de plus en plus seule. D'où son agressivité et son attitude de renfermement côté sexuel.

— Eh bien, c'est une sacrée révélation ! Ton texte a fait crever l'abcès !

— Oui, comme quoi, les choses arrivent toujours quand on commence à fatiguer et à lâcher et tenter le tout pour le tout. Sans rien attendre.

— Oui, c'est aussi le constat que je fais, confirme Roselyne. D'une manière ou d'une autre, ça s'arrange quand on lâche. Ce qui n'est pas de la résignation, juste une sorte d'abandon salvateur.

— Oui, c'est ça. Un abandon salvateur.

— Bon, et alors, ça a donné quoi ? s'impatiente Claudia.

— Ça a donné que je l'ai prise dans mes bras, que je lui ai dit que je n'en avais rien à foutre de sa cellulite et que pour moi elle était toujours aussi désirable et je l'ai embrassée et elle s'est laissée faire et nous nous sommes caressés et je lui ai fait l'amour et elle s'est abandonnée et c'était génial !

— Waouhhh ! Champaaaaaagne ! crie Roselyne.

— Et depuis ? demande Claudia, curieuse.

— Depuis, on n'arrête plus de faire l'amour et on s'en donne à cœur joie ! C'est comme si l'on se retrouvait.

— En même temps, après cinq ans, c'est un peu le cas !

— Oui, c'est comme si on se rencontrait, comme au début et même encore mieux, parce qu'on n'osait pas faire tout ce que l'on se fait maintenant.

— Tu penses que l'atelier sexo-ego t'a aidé ?

— Oui, certainement, j'ai vu plus clair en moi et je me suis affirmé et surtout, je n'ai plus de hontes côté sexuel alors je lui fait découvrir des choses et elle s'éclate ! On s'éclate ! Elle me suce pendant des heures, me prend par surprise pendant que je dessine, me fait du strip-tease, se caresse à côté de moi pendant que je regarde la télé... bref, toutes sortes de choses que je ne l'avais jamais vue faire avant, comme si tout ce qu'elle retenait explosait d'un coup. J'ai même du mal à la suivre par moments. J'adore ! Elle m'excite comme un fou, je bande toute la journée !

— Holà, holà ! Moins fort, on va se faire embarquer pour propos obscènes sur la voie publique.

— Oui, chhhhhut, pardon les filles... je suis tellement emballé !

— Non, sans blague ! Tu m'étonnes que tu sois emballé, c'est très très réjouissant tout ça. Tu l'as dit à Brigitte ?

— Oui je l'ai vue hier. Je l'ai aussi dit à Cléa. Elle m'a sauté au cou et m'a fait plein de bisous ! Mais je n'ai pas encore vu Estelle. Elle est injoignable ces jours-ci. Mais je suis si heureux de partager ça avec vous!

Les trois amis se prennent dans les bras, débordants de reconnaissance envers la vie, l'amour, l'amitié, la sexualité, Brigitte et Estelle...

— Tiens, à propos d'Estelle, dit Roselyne en se détachant du trio, ce ne serait pas elle là-bas, sur l'autre rive ?

— Ah, mais si... avec ses deux amants, Jacques et Jean ! s'exclame Claudia.

— Mais non ! Pas Jacques et Jean...

— Oui, je sais, je fais exprès... elle s'emmerde pas quand même !

— Elle aurait bien tort ! dit Nicolas, elle est tellement, tellement... tout !

— Ah tiens, c'est marrant que tu dises ça, continue Roselyne, parce que la dernière fois que je l'ai vue, elle m'a confié aspirer à être rien.

— À *n'être* rien, corrige Claudia.

— Non, à *être* rien.

Cette nuance laisse les trois amis rêveurs et Nicolas rompt soudain le silence :

— Dites donc, ils avancent bien les pépés !

— Oui, en effet, l'amour ça conserve !

— Et le sexe ! Le sexe dans la joie !

— À ce propos, demande Nicolas, d'après vous, que va nous demander Brigitte dans le prochain atelier ?

— Je ne sais pas, peut-être d'écrire une de nos relations sexuelles à la première personne du singulier, répond Roselyne en jetant un regard à Claudia par dessus l'épaule de Nicolas.

— Rhaaa... ou bien écrire un flop de façon à la fois très osé et humoristique ? lui rétorque Claudia.

— Ou bien un poème en alexandrins, avec des rimes imposées à partir d'un seul mot, comme... culotte... lance Nicolas.

— Ah oui, marrant ! Ou bien...

Les trois amis sont lancés à chercher toutes sortes de possibilités toutes plus extravagantes, excitantes, érotiques les unes que les autres. Ils se lâchent complètement et en arrivent à des idées très, très coquines...

ADAHE® (Aide au Discernement pour l'Ajustement et l'Harmonisation de l'Ego) est une marque déposée.

www.annejamelot.com

Table des matières

-1- Chaudes retrouvailles..3
-2- Les yeux verts..15
-3- Torchon et compagnie...23
-4- Balançoires et crapauds..31
-5- Odeur des bois..39
-6- Second atelier...47
-7- Souffrances égotiques...55
-8- La glace..67
-9- Sagesse..75
-10- La honte..83
-11- ADAHE..95
-12- Préparation..107
-13- Libérations..115
-14- Vanité..127
-15- Résistance...139
-16- Framboise luisante...153
-17- Le shampoing..163
-18- Oser oser...175
-19- Le secret..187
-20- Délivrances...201

Déjà parus chez BoD

En quoi le fait de remuer les épaules va m'aider à aller mieux dans ma vie ? Et autres questions souvent posées par les débutants en sophrologie. Septembre 2014

Haute en tics. Décembre 2017, août 2018, septembre 2019.

How can moving my shoulders up and down help me get more out of life ? An other frequently asked questions by beginners in sophrology. Juin 2019